Abschlussprüfung Deutsch

Realschule Hessen

Erarbeitet von
Grit Adam,
Hans-Joachim Gauggel,
Martina Jost
und Rainer Schremb

Illustriert von
Jens Bonnke,
Amelie Glienke
und Wiebke Hasselmann

Cornelsen

Inhaltsverzeichnis

Seite

Einführung

Zur Arbeit mit diesem Heft ... 4
Tipps für die Prüfung ... 5

ZU SACHTEXTEN SCHREIBEN

Inhaltsangabe

Jan Schweitzer: Ins Lid gerammt ... 6
Die Teilaufgabe 1 verstehen ... 8
Erstes Lesen ... 8
Zweites, aktives Lesen ... 9
Den Text in Sinnabschnitte gliedern ... 9
Eine Inhaltsangabe schreiben ... 10

Äußere Gestalt und Sprache des Textes

Die Teilaufgabe 2 verstehen ... 12
Optische und grafische Gestalt eines Sachtextes ... 12
Wortarten ... 14
Wortwahl und Sprachstile ... 14
Satzarten, Satzbau und Satzlänge ... 16
Wertungen im Text ... 17
Formen der Rede ... 18
Zeitform ... 18
Stilmittel ... 19

Absicht des Autors / der Autorin und Wirkung des Textes

Johannes Gernert: No Logo ... 20
Die Teilaufgabe 3 verstehen ... 22
Die Zielgruppe benennen ... 22
Die Absicht des Autors / der Autorin ... 23
Die Wirkung des Textes ... 25

Eine Stellungnahme oder einen Artikel schreiben

Die Teilaufgabe 4 a) verstehen ... 27
Eine Stellungnahme vorbereiten ... 28
Eine Stellungnahme schreiben ... 29
Die Teilaufgabe 4 b) verstehen ... 32
Die Perspektive beachten ... 32
Notizen zum Inhalt eines Artikels machen ... 33
Einen Artikel gliedern ... 34
Einen Artikel schreiben ... 35

Übungsaufgabe

Jochen Leffers: Britische Schulschwänzer ... 36–37

ZU PROSATEXTEN SCHREIBEN

Seite

Inhaltsangabe

Tanja Zimmermann: SOMMERSCHNEE ... 38
Die Teilaufgabe 1 verstehen ... 39
Den Text aktiv lesen ... 40
Stichworte formulieren ... 40
W-Fragen beantworten ... 40
Den Text in Sinnabschnitte gliedern ... 41
Der Wendepunkt ... 43
Merkmale einer Kurzgeschichte ... 44
Eine Inhaltsangabe schreiben ... 45

Äußere Gestalt und Sprache des Textes

Die Teilaufgabe 2 verstehen ... 46
Aufbau des Textes ... 47
Zitieren ... 47
Erzählperspektive ... 48
Zeitform ... 49
Formen der Rede ... 49
Wortwahl und Sprachstile ... 50
Satzbau ... 50
Höhepunkt und Wendepunkt ... 51
Stilmittel ... 51

Absicht des Autors / der Autorin und Wirkung des Textes

Walter Helmut Fritz: AUGENBLICKE ... 54
Die Teilaufgabe 3 verstehen ... 56
Die Absicht des Autors / der Autorin ... 56
Die Überschrift ... 58
Die Wirkung des Textes ... 59

Zum Text Stellung nehmen

Die Teilaufgabe 4 a) verstehen ... 60
Zum Text Stellung nehmen ... 60
Eigene Vorschläge und Erfahrungen einbringen ... 61

Einen Text weiterschreiben

Bertolt Brecht: DER HILFLOSE KNABE ... 63
Die Teilaufgabe 4 b) verstehen ... 64
Handlung und Verhalten der Figuren erfassen ... 64
Sich in den Text hineinversetzen ... 65

Übungsaufgabe

Herbert Malecha: DIE PROBE ... 66–69

ZU LYRIK SCHREIBEN

Seite

Inhaltsangabe

Erich Fried: WAS ES IST ... 70
Die Teilaufgabe 1 verstehen ... 71
Erstes Lesen ... 71
Zweites, aktives Lesen ... 72
W-Fragen beantworten ... 73
Den Inhalt zusammenfassen ... 74

Vorübungen für die Teilaufgabe 2

Reim ... 75
Metrum ... 76
Sprachliche Bilder: Vergleich, Metapher, Symbol ... 77

Äußere Gestalt und Sprache des Gedichts

Kurt Tucholsky: AUGEN IN DER GROSSSTADT ... 78
Die Teilaufgabe 2 verstehen ... 79
Die Form des Gedichts untersuchen ... 79
Sprachliche Bilder: die Metapher ... 80
Weitere Stilmittel ... 80
Wortwahl und Satzbau ... 82
Aussagen mit Zitaten belegen ... 83

Absicht des Autors / der Autorin und Wirkung des Gedichts

Die Teilaufgabe 3 verstehen ... 84
Die Inhaltsangabe nutzen ... 85
Einen Cluster zum Gedicht zeichnen ... 85
Fragen an das Gedicht stellen ... 86
Kenntnisse zum Autor und zur Entstehungszeit des Gedichts nutzen ... 88

Stellungnahme und Kurzerörterung

Die Teilaufgabe 4 a) verstehen ... 90
Eine Stellungnahme schreiben ... 90
Die Teilaufgabe 4 b) verstehen ... 91
Eine Kurzerörterung schreiben ... 91

Übungsaufgabe

Johann Wolfgang Goethe: WILLKOMM' UND ABSCHIED 92–93
Gedichte zum Üben ... 93

Anhang

Merkwissen: Stilmittel, Formulierungsvorschläge, Zeitmanagement ... 94–95
Checkliste ... 96

Beilage Lösungsteil zum Überprüfen

Zur Arbeit mit diesem Heft

Liebe Schülerin, lieber Schüler,

dieses Heft hilft dir, die Realschulabschlussprüfung im Fach Deutsch gut vorbereitet und gelassen anzugehen und am Tag der Prüfung einen kühlen Kopf zu bewahren.

Prüfung? Mit diesem Heft kein Problem!

In drei Kapiteln behandelt dieses Heft die **drei Textformen**, die du in der Prüfung wählen kannst:

- Sachtext (im Kapitel „Zu Sachtexten schreiben“)
- Prosa (im Kapitel „Zu Prosatexten schreiben“)
- Lyrik (im Kapitel „Zu Lyrik schreiben“)

Wie die Prüfungsaufgabe aufgebaut ist

In den Kapiteln erarbeitest du dir die jeweilige Prüfungsaufgabe Schritt für Schritt. Jede Prüfungsaufgabe besteht aus „Teilaufgaben“. Folgende Teilaufgaben sind üblich und liegen dem Aufbau des Hefts zu Grunde:

Wie das Heft aufgebaut ist

1: Du übst, wie man den Inhalt eines Textes zusammenfasst.
2: In einem zweiten Schritt lernst du, wie man die äußere Gestalt und die Sprache eines Textes analysiert.
3: Im dritten Schritt befasst du dich mit der Absicht des Autors/der Autorin und der Wirkung des Textes.
4: Im letzten Schritt geht es darum, eine Stellungnahme oder eine Kurzerörterung zu schreiben, einen Brief, einen Dialog, einen Tagebucheintrag oder einen literarischen Text zu verfassen.

Am Ende der Kapitel hast du Gelegenheit, in einer Übungsaufgabe das Gelernte anzuwenden und selbstständig eine Prüfung durchzuspielen.

Wie du das Heft nutzen kannst

Das Heft eignet sich sowohl für den Einsatz in der Klasse als auch für deine selbstständige Prüfungsvorbereitung.

- **Die Aufgaben** zeigen dir Schritt für Schritt, wie du die Prüfungsaufgabe löst. Du lernst, wie du einen Text strukturierst und wie du sprachlich gut formulierst.
- In den **blauen Merkkästen** ist das Grundwissen für die Prüfung zusammengefasst.
- In der **Randspalte** stehen Tipps, die dir bei der Bearbeitung der Aufgaben helfen. Du findest dort gelegentlich Grundwissen aus früheren Schuljahren.
- Auf den letzten Seiten sind Hilfsmittel zum Nachschlagen: eine **Übersicht über die Stilmittel, Formulierungsvorschläge** und eine Tabelle, die dir hilft, dir deine Zeit gut einzuteilen.
- Mit der **Checkliste** am Ende des Heftes kannst du deine Ergebnisse überarbeiten.
- Der **Lösungsteil** bietet dir für jede Aufgabe eine Musterlösung an.

Viel Spaß bei der Arbeit mit diesem Heft und **viel Erfolg** bei der Prüfung wünschen dir die Autoren und die Autorinnen dieses Heftes!

Tipps für die Prüfung

Ablauf der Prüfung

Vor Beginn der Prüfung erhältst du drei Texte mit Aufgaben – einen Sachtext, einen literarischen Prosatext und ein Gedicht –, außerdem eine ausreichende Menge mit Schulstempel versehenes liniertes Reinschriftpapier (DIN A3, gefaltet) und Konzeptpapier (DIN A4). Auf alle Blätter mit den Texten und Aufgaben sowie auf das von dir benutzte Reinschrift- und Konzeptpapier musst du deinen Namen schreiben.
Dein Lehrer/deine Lehrerin informiert euch über den Ablauf der Prüfung und erklärt Begriffe in den Aufgaben, die ihr im Unterricht nicht verwendet habt.

Wie viel Zeit habe ich?

Du hast zunächst 20 Minuten Zeit, um in Ruhe alle drei Texte mit den Aufgaben zu lesen und dich für einen der Texte zu entscheiden. Überlege sorgfältig, welchen Text du bearbeiten möchtest, denn nach den 20 Minuten musst du die beiden anderen Texte wieder zurückgeben.
Für die Bearbeitung der Aufgaben zum gewählten Text bleiben dir nun noch 135 Minuten. Davon solltest du für das Korrekturlesen 15 Minuten Zeit einplanen.
Stoppe bei der Bearbeitung der Teilaufgaben in diesem Heft deine Zeit und trage sie in die Tabelle auf Seite 95 ein. Wenn du die Tabelle kopierst, kannst du sie immer wieder verwenden. Auch in der Randspalte im Heft kannst du deine Zeit notieren.
Nach dem Ende der Bearbeitungszeit hast du 5 Minuten, um die Wörter deines Aufsatzes zu zählen. Daraus wird dein Fehlerquotient errechnet. Wenn du mehr als einen Fehler pro 100 Wörter machst, werden in der Endabrechnung Punkte abgezogen, was im schlimmsten Fall eine Verschlechterung um eine Note bedeuten kann. Du solltest deinen Aufsatz also gründlich durchlesen, bevor du ihn abgibst.

100 Wörter entsprechen bei

... Wörtern pro Zeile	*... Zeilen*
4	25
5	20
6	17
7	14
8	13
9	11
10	10
11	9
12	8

Gut vorbereitet in die Prüfung

Papier und ein Rechtschreibwörterbuch erhältst du von der Schule.
Dieses Handwerkszeug solltest du selbst mitbringen: Füller, Ersatzpatronen, Lineal, Tintenkiller, Textmarker, gespitzte Bunt- und Bleistifte, Spitzer und eine Uhr.
Außerdem empfiehlt es sich, etwas zu trinken und als „Nervennahrung" eine gesunde Kleinigkeit zu essen oder auch einen Kaugummi mitzubringen, wenn es an deiner Schule erlaubt ist.

Die einzelnen Schulen können über die Gestaltung und den Ablauf der Prüfungen selbst entscheiden. Frage deshalb deinen Deutschlehrer/deine Deutschlehrerin vorher nach dem genauen Ablauf deiner Deutschabschlussprüfung.

ZU SACHTEXTEN SCHREIBEN

Inhaltsangabe

Die Prüfungsaufgabe könnte lauten:

Lies den Artikel „Ins Lid gerammt" von Jan Schweitzer aus dem Spiegel 6/2001 sorgfältig durch und bearbeite dann die folgenden Teilaufgaben. Bei der Teilaufgabe 4 musst du a) oder b) wählen.

Hier kannst du üben, wie du die Teilaufgabe 1 bearbeitest.

Teilaufgabe 1: Gib den Inhalt des Textes in eigenen Worten wieder.

Teilaufgabe 2: Beschreibe die äußere Gestalt und die Sprache des Textes. Belege deine Aussagen mit Textzitaten.

Teilaufgabe 3: Untersuche die mögliche Absicht des Autors und die Wirkung des Textes.

Teilaufgabe 4: a) Viele Schüler in deiner Klasse haben ein Körperpiercing. Schreibe einen Warnbrief für die Schülerzeitung, in dem du deine Mitschüler auf die Gefahren aufmerksam machst. Du kannst Beispiele aus dem Text zu Hilfe nehmen.

Oder:

b) Sollten nur Ärzte piercen dürfen? Nimm Stellung zu dieser Frage.

Ins Lid gerammt

Ärzte beklagen die Folgen der Piercingmode: Bei rund 600.000 Deutschen ist der Körperschmuck Ursache von Entzündungen oder Allergien.

Popstar Britney Spears: An Brust und Nabel gepierct

Manchmal braucht es einen Bolzenschneider zur Öffnung des Geburtskanals – bei einer jungen Frau aus Ulm zum Beispiel. Sie hatte ihren Genitalbereich mit diversen Metallringen und -steckern geschmückt. Und die wollten sich, als die Wehen einsetzten, nicht lösen.

Um das Baby nicht mit einem Kaiserschnitt auf die Welt holen zu müssen, fummelte der Arzt den Piercingschmuck Stück für Stück aus dem Intimbereich. Erst dann hatte das Kind genug Platz und konnte auf natürlichem Wege geboren werden.

Das Geschäft mit dem bizarren Körperschmuck floriert – und oft sind die Folgen ernster als bei der Ulmer Mutter. Besonders gefürchtet sind Hepatitis B oder C. Wer sich beim Anbringen eines Piercings eine dieser chronischen Leberentzündungen zugezogen hat, muss häufig miterleben, wie sein Organ von einem Virus zerstört wird.

Berichtet wird zudem von Patienten, deren Herzklappen zerfressen wurden, nachdem sich ein Piercingring infiziert hatte und die Erreger in die Blutbahn geschwemmt worden waren. Die Ärzte mussten ihnen künstliche Klappen einsetzen. Und auch Britney Spears, an Nabel und Brustwarze gepierct, sollte aufpassen: Zumindest eine Frau hat schon wegen eines entzündeten Rings eine Brust verloren.

Zwar leiden die meisten Geschädigten nicht an solch drastischen Folgen, doch die Anzahl der Betroffenen alarmiert:

Nach einer kürzlich vorgestellten Untersuchung von Ärzten des Bremer Zentralkrankenhauses St.-Jürgen-Straße kommt es bei fast jedem fünften Gepiercten zu Entzündungen oder Allergien. Das sind in Deutschland bei geschätzten zwei bis drei Millionen Körperschmuckträgern immerhin bis zu 600.000 Menschen.

Schuld daran sind vor allem die Bedingungen, unter denen zugestochen wird: In Studios oder auf Flohmärkten fuhrwerken oftmals Ungelernte an Augenlid, Bauchnabel oder Ohr herum. Jeder in Deutschland darf – ohne Schulung – ein Piercinggeschäft eröffnen. Nicht selten stechen die Piercer zu, ohne je etwas von Desinfektion gehört zu haben. Dass sich viele dieser Wundstellen schon nach Tagen entzünden, verwundert nicht.

Beim Zungenpiercing geht es mitunter sehr viel schneller: Weil die Zunge von vielen Gefäßen durchzogen ist, kann sie nach dem Durchstechen binnen Sekunden mit Blut volllaufen, anschwellen wie ein Wasserballon und so die Atemwege versperren. Nur ein Luftröhrenschnitt kann dem Erstickenden dann noch helfen.

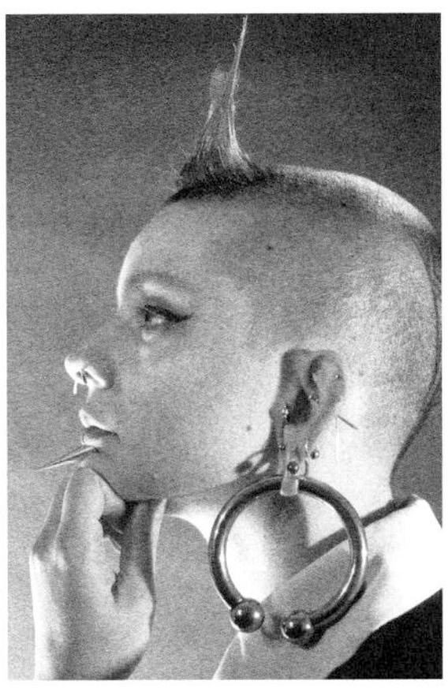

Gepiercte Frau
Bizarrer Körperschmuck

Auch an Ohren und Augen können Piercings Schäden hinterlassen. Benedikt Folz, HNO-Oberarzt an der Universität Marburg, kann sich an einen Patienten besonders gut erinnern: Der junge Mann hatte sich einen Stecker in die obere Ohrmuschel schießen lassen. Die Stelle hatte sich so stark entzündet, dass der Knorpel „komplett kaputt“ war – wo einmal das Ohr gewesen war, hing „nur noch ein Hautsack“ herunter. Mit enormem Aufwand gelang es Folz und seinen Kollegen, das zerstörte Ohr mit Knorpel aus einer Rippe wieder aufzubauen.

Der Ulmer Augenarzt Hans-Walter Roth vom Institut für Wissenschaftliche Kontaktoptik musste einen Piercingträger wegen einer Hornhautvergiftung behandeln. Bei ihm hatten sich aus dem Gesichtsschmuck Metalle wie Kupfer herausgewaschen und waren vom Blut zum Auge befördert worden. Ein anderer Patient kam mit der Lähmung eines Augenlids in seine Praxis: Er hatte bei einem Diskobesuch einen Ring von seiner Freundin geschenkt bekommen und sich diesen direkt an Ort und Stelle „ins Lid gerammt“, erzählt Roth.

Nach Schätzung des Ersatzkassenverbands Schleswig-Holstein kosten solche Komplikationen in Deutschland „sicher einen zweistelligen Millionenbetrag“. Berücksichtigt seien dabei nur die Wundbehandlungen, sagt Pressesprecher Lothar Thormählen. Hinzu kämen sowohl die Kosten für die Therapie chronischer Infektionen als auch die für die Behandlung der – durchaus häufigen – allergischen Reaktionen. Bei rund zehn Prozent aller Frauen und einem Prozent aller Männer juckt die Haut, wenn sie mit Nickel in Kontakt kommt. Trotzdem steckt das Metall immer noch in vielen Ringen und Steckern.

Inzwischen werden selbst Kleinkinder oder Säuglinge gepierct. HNO-Arzt Folz kennt kleine Patienten, die ihre Stecker aus dem Ohr herausgefummelt und dann in die Lunge verschluckt haben. [...]

Trotz der vielen Komplikationen fordern nur die wenigsten Ärzte ein generelles Piercingverbot. Kontrovers diskutiert wird allerdings, wer das Stechen übernehmen soll. Augenarzt Roth fordert „qualifizierte, ausgebildete Piercer“, die im Idealfall Ärzte sein sollten. Andere Mediziner halten dagegen, dass ein Arzt laut hippokratischem Eid seinem Patienten keinen Schaden zufügen dürfe. Nichts anderes sei aber das Piercen.

Dass die Patienten das häufig anders sehen, zeigt der Fall in Ulm: Der Frauenarzt, der seiner Patientin zu einer natürlichen Geburt verholfen hatte, bekam es danach mit der Frau zu tun. Die forderte 1200 Euro von ihm – so viel habe der beim Entfernen zerstörte Intimschmuck gekostet.

Jan Schweitzer
(nach: „Der Spiegel“ 6/2001)

Die Teilaufgabe 1 verstehen

Aufgabe 1

Was verlangt die Teilaufgabe 1 von dir?
a) Unterstreiche bei der Prüfungsaufgabe auf Seite 6 die wichtigsten Wörter der Aufgabenstellung.
b) Vervollständige den folgenden Lückentext. Der Merkkasten auf Seite 11 hilft dir.

Ich beschreibe in Form einer ______________________, worum es in dem Text geht.

Dafür fasse ich das ______________________ des Textes zusammen. Ich verwende eigene ______________________, schreibe sachlich und ______________________, in ganzen ______________________.

In diesen Schritten gehst du vor:
- Zuerst überfliegst du den Text.
- Dann formulierst du Stichworte.
- Du liest den Text aktiv, das heißt du markierst Wichtiges und notierst Auffälligkeiten am Rand.
- Unbekannte Wörter schlägst du nach.
- Schlüsselwörter hebst du farbig hervor.
- Du gliederst den Text in Sinnabschnitte. Für jeden Abschnitt schreibst du eine Überschrift auf.

Erstes Lesen

Aufgabe 2

Lies die Überschrift und den Vorspann des Zeitschriftenartikels „Ins Lid gerammt". Schreibe in einem Satz in dein Heft, um welches Thema es im Text gehen könnte. Die Bilder helfen dir dabei. Beachte die Erklärung zu Sachtexten in der Randspalte.

Aufgabe 3

a) Überfliege den Text. Beachte dazu den Tipp in der Randspalte.
b) Notiere nun in wenigen Stichworten, worum es in dem Text geht. Schreibe keine langen Passagen aus dem Text ab.

____

____

____

____

Sachtexte:
In Schulbüchern, Zeitschriften und Lexika findest du oft Texte, die sich von literarischen Texten unterscheiden. Sie dienen der Weitergabe von Informationen. In Zeitschriften und Zeitungen liegen am häufigsten die Formen Bericht, Reportage, Glosse, Kommentar oder Brief vor.

Tipp
Wenn du den Text überfliegst, lasse langsam die Augen über die Zeilen gleiten. Halte kurz bei Wörtern an, die dir auffallen.

Zweites, aktives Lesen

Aufgabe 4

a) Lies den Text aktiv. Markiere Wichtiges und notiere Auffälligkeiten am Rand. Der Merkkasten auf Seite 72 hilft dir. Markiere nicht zu viele Wörter.
b) Markiere (Fremd-)Wörter, die du nicht kennst, farbig und kläre ihre Bedeutung. Notiere die Bedeutungen am Rand des Textes. Beachte den Tipp in der Randspalte.

Aufgabe 5

Unterstreiche nun die wichtigsten Schlüsselwörter in einer besonderen Farbe. Bearbeite den Text abschnittsweise. Du kannst dich an folgendem Beispiel orientieren:

Zwar leiden die meisten Geschädigten nicht an solch drastischen Folgen, doch die Anzahl der Betroffenen alarmiert: Nach einer kürzlich vorgestellten Untersuchung von Ärzten des Bremer Zentralkrankenhauses St.-Jürgen-Straße kommt es bei fast jedem fünften Gepiercten zu Entzündungen oder Allergien.

Tipp
Wenn du im Text Wörter findest, die dir unbekannt sind, versuche zunächst, ihren Sinn aus dem Textzusammenhang zu erschließen. Lies dann erst die Fußnoten oder schlage in einem Lexikon nach.

Den Text in Sinnabschnitte gliedern

Aufgabe 6

a) Gliedere den Text in Sinnabschnitte und markiere sie.
b) Fasse den wesentlichen Inhalt der Abschnitte in jeweils einem Satz zusammen.

Zeile 1–15: Piercing kann eine natürliche Geburt beeinträchtigen.
Zeile 16–35: Mögliche Folgen sind Virusinfektionen und Schäden an Organen.
Zeile 35–45:

Eine Inhaltsangabe schreiben

Beachte bei deiner Inhaltsangabe diese Punkte:
- Mache Angaben zu inhaltlichen **Schwerpunkten** und zur **Art der Darstellung** (argumentierend, informierend, appellierend oder kommentierend) sowie zum **gedanklichen Aufbau** (z. B.: *Gibt es eine Steigerung der Argumente?*).
- Stelle die wichtigsten **Thesen und Argumente im Zusammenhang** dar, wenn es sich um einen argumentierenden Text handelt.
- Du musst nicht der inhaltlichen **Reihenfolge des Textes** folgen, schreibe aber zusammenhängend.
- Nennt der Text viele Beispiele, versuche sie zusammenzufassen.

Aufgabe 7

a) Lies den Merkkasten oben.
b) Welche Art der Darstellung hat der Autor des Textes „Ins Lid gerammt" (Seite 6–7) gewählt? Kreuze die richtige Antwort an.

- ☐ • argumentierend: Der Autor / die Autorin formuliert Thesen und begründet sie.
- ☐ • informierend: Der Autor / die Autorin berichtet sachlich, nennt Zahlen und Fakten.
- ☐ • appellierend: Der Autor / die Autorin wendet sich an die Lesenden und fordert sie zu etwas auf.
- ☐ • kommentierend: Der Autor / die Autorin bewertet Sachverhalte und bringt seine / ihre Meinung ein.

Aufgabe 8

Schreibe eine erste Inhaltsangabe. Verwende dazu deine Ergebnisse aus den Aufgaben 6 und 7. Gehe vor wie oben im Merkkasten beschrieben. Schreibe in dein Heft.

Aufgabe 9

Hier findest du Erklärungen zu den häufigsten Textsorten aus Zeitungen und Zeitschriften. Kreuze an, zu welcher Textsorte „Ins Lid gerammt" gehört. Lies dazu den Text nochmals gründlich durch. Achte dabei auch auf Formulierungen.

- ☐ • **Glosse**: In witziger, oft auch angriffslustiger Form wird ein kurzer → Kommentar gegeben.
- ☐ • **Bericht**: Fakten und Tatsachen werden unvoreingenommen, objektiv und in sachlichem Stil wiedergegeben.
- ☐ • **Kommentar**: Sachverhalte werden aus einer bestimmten Perspektive dargestellt und bewertet. Der Autor problematisiert Ereignisse und bringt seine Meinung ein.
- ☐ • **Reportage**: Es wird lebendig über Ereignisse informiert. Reportagen versuchen Atmosphäre einzufangen und die Lesenden mitten in das Geschehen zu führen. Zur Reportage gehören die Darstellung eines Ereignisses, Hintergrundinformationen und ein → Kommentar.

*Die wichtigsten **Textsorten** in Zeitungen und Zeitschriften:*
- *Glosse*
- *Bericht*
- *Kommentar*
- *Reportage*
- *(Leser-)Brief*

Aufgabe 10

Schreibe nun einen Einleitungssatz. Lies dazu den Merkkasten unten.

Der ______________ „______________________“ von ______________
ist in der Zeitschrift „Der Spiegel“, Nr. 6/2001, erschienen.
Er stellt dar, welche ______________________________________ .

In einer **Inhaltsangabe** fasst du **das Wesentliche** eines Textes zusammen.

- Formuliere **in eigenen Worten**, schreibe **sachlich** und **kurz**.
- Verwende **indirekte Rede**, wenn du Inhalte wiedergibst.
- Schreibe im **Präsens** (Gegenwart), z. B.: *Piercing gefährdet die Gesundheit.*
- Beginne mit einem **Einleitungssatz**, in dem du die **Textsorte**, den **Titel**, den **Autor**/die **Autorin**, die **Textquelle** und das **Thema** nennst, z. B.: *In der Reportage „Männerpension“ von Klaudia Wagner, die am 12. 03. 2003 in der „Frankfurter Rundschau“ erschien, geht es um Jungeninternate in England.*

Tipp
*Gib die **Textquelle** so vollständig wie möglich an: Bei Zeitungs- oder Zeitschriftenartikeln ist z. B. das Erscheinungsdatum wichtig oder die Nummer der Ausgabe.*

Aufgabe 11

Verbessere die folgende Inhaltsangabe. Der Merkkasten hilft dir. Schreibe die verbesserte Fassung in dein Heft.

- *Lies sie aufmerksam durch.*
- *Streiche unwichtige oder falsche Angaben.*
- *Überprüfe die Zeitform.*
- *Verbessere grammatische Fehler.*

In dem Zeitschriftenartikel wird über die Folge des Piercings berichtet. Erzählt wurde von Patienten, deren Herzklappen zerfressen wurden, nachdem sich ein Piercingring infiziert hatte und die Erreger in die Blutbahn geschwemmt worden. Bei rund 600.000 Deutschen ist der Körperschmuck in Nase, Ohren, Bauchnabel und Mund Ursache von Entzündungen ...

Vorsicht Fehler!

Aufgabe 12

Löse nun die Teilaufgabe 1 von Seite 6. Schreibe auf ein eigenes Blatt, so wie in der Prüfung. Verwende dafür die Ergebnisse aus den Aufgaben in diesem Kapitel. Die Formulierungsvorschläge unten helfen dir.

Meine Bearbeitungszeit für die Teilaufgabe 1:

Der Bericht / die Glosse ... stellt ... dar.	Der Autor führt an, dass ...
Der Autor nennt weitere Folgen ...	Er hebt die folgenden Punkte hervor: ...
Er legt besonderes Gewicht auf ...	Es wird berichtet von ...

Aufgabe 13

Kopiere die Checkliste auf Seite 96 und verbessere deine Inhaltsangabe mit Hilfe der Liste.

ZU SACHTEXTEN SCHREIBEN

Äußere Gestalt und Sprache des Textes

Die Prüfungsaufgabe

Lies den Artikel „Ins Lid gerammt“ sorgfältig durch und bearbeite dann die folgenden Teilaufgaben. Bei der Teilaufgabe 4 musst du a) oder b) wählen.

Den Text findest du auf den Seiten 6–7.

Teilaufgabe 1: Gib den Inhalt des Textes in eigenen Worten wieder.

Teilaufgabe 2: Beschreibe die äußere Gestalt und die Sprache des Textes. Belege deine Aussagen mit Textzitaten.

Hier kannst du üben, wie du die Teilaufgabe 2 bearbeitest.

Teilaufgabe 3: Untersuche die mögliche Absicht des Autors und die Wirkung des Textes.
Teilaufgabe 4: a) Viele Schüler in deiner Klasse haben ein Körperpiercing. Schreibe einen Warnbrief für die Schülerzeitung, in dem du deine Mitschüler auf die Gefahren aufmerksam machst. Du kannst Beispiele aus dem Text zu Hilfe nehmen.
Oder:
b) Sollten nur Ärzte piercen dürfen? Nimm Stellung zu dieser Frage.

Die Teilaufgabe 2 verstehen

Aufgabe 1

Was verlangt die Teilaufgabe 2 von dir?
a) Unterstreiche bei der Teilaufgabe 2 oben die wichtigsten Wörter der Aufgabenstellung.
b) Schreibe in ganzen Sätzen in dein Heft, was du tun sollst.

Optische und grafische Gestalt eines Sachtextes

Aufgabe 2

a) Lies den Merkkasten auf Seite 13.
b) Untersuche, welche der im Merkkasten auf Seite 13 genannten optischen und grafischen Gestaltungsmerkmale im Text „Ins Lid gerammt“ zu finden sind.
c) Beschreibe in Stichpunkten die optischen und grafischen Gestaltungsmerkmale. Schreibe in dein Heft. So könnte dein Hefteintrag aussehen:

Tipp
Die Textgestaltung ist mit bestimmten Absichten verbunden. Du sollst in deinem Aufsatz zeigen, dass du die Gestaltungsmerkmale und ihre Bedeutung erkannt hast.

Optische Gestaltungsmerkmale

Umfang: eineinhalb Druckseiten, 128 Zeilen,
umfangreicher Text
Anzahl der Spalten: zwei …

Zur äußeren Gestalt von Sachtexten können folgende Merkmale gehören:

Optik (bildliche Gestaltung)	Grafik (Schriftgestaltung)
• Umfang (Länge) des Textes • Anzahl der Spalten • Anzahl der Absätze • Abbildungen (Fotos, Illustrationen, Tabellen, Diagramme u. a.) • Anzahl der Überschriften • Zwischentitel (Zwischenüberschrift; macht auf bestimmte Inhalte aufmerksam) • Ortsmarke (Bei Autorentexten nennt sie den Aufenthaltsort des Autors / der Autorin, bei Texten von Presseagenturen den Ort des Geschehens oder der Akteure des Geschehens. Das Datum kann dabeistehen.)	• Dachzeile (oberste Überschrift) • Unterzeile (zweite Überschrift, sie präzisiert die erste) • Vorspann (steht unter den Überschriften und gibt das Thema und das Wichtigste des Textes knapp wieder; meist in einer besonderen Schrift) • Anfangsbuchstabe des Lauftextes (Lauftext ist der eigentliche, längere Text) • Art der Überschriften • Bildunterschriften • Satz (Blocksatz, links- oder rechtsbündiger Satz, zentrierter Satz) • Hervorhebungen einzelner Abschnitte (durch Schriftgröße, -art, Schriftschnitt, Rahmen)

Aufgabe 3

Welche Aufgaben haben die optischen Gestaltungsmerkmale im Text „Ins Lid gerammt"? Notiere Stichworte. Vorschläge findest du in der Randspalte.

Anordnung des Textes „Ins Lid gerammt" in zwei Spalten:
Kürzere Zeilen sind leichter lesbar.

- *machen den Text leichter lesbar*
- *machen Inhalte anschaulicher*
- *gliedern den Text*
- *lenken die Aufmerksamkeit auf bestimmte Inhalte*
- *erleichtern die Informationsentnahme*
- *bieten eine Verständnishilfe*

Aufgabe 4

Welche Aufgaben haben die grafischen Gestaltungsmerkmale im Text? Notiere Stichworte in dein Heft. Vorschläge findest du rechts unten in der Randspalte.

- *variieren das Schriftbild und heben Textteile hervor*
- *nennen das Thema des Textes*
- *geben das Wichtigste knapp wieder*
- *erläutern, wer oder was dargestellt ist*
- *präzisieren das Thema des Textes*

Wortarten

Aufgabe 5

Untersuche, welche Wortarten im Text häufig verwendet werden.
a) In der Tabelle sind Wörter aus dem ersten Absatz eingetragen. Wähle zwei weitere Absätze aus und lege eine Tabelle nach diesem Vorbild in deinem Heft an. Trage die Wörter in deine Tabelle ein.
b) Welche Wortart wird häufig verwendet? Welche Wirkung hat der Text dadurch? Notiere Stichworte in dein Heft. Die Informationen in der Randspalte können dir helfen.

Nomen	Verben	Adjektive	Adverbien
der Bolzenschneider	(es) braucht	jung	manchmal
die Öffnung	(sie) hatte geschmückt	divers	
der Geburtskanal	(sie) wollten sich nicht lösen		
die Frau	(sie) setzten ein		
Ulm			
das Beispiel			
der Genitalbereich			
die Metallringe			
die Metallstecker			
die Wehen			

- ***Viele Adjektive**: Der Text ist beschreibend, er schmückt aus.*
- ***Viele Verben**: Der Text macht einen lebendigen Eindruck – er vermittelt Handlung und Bewegung.*
- ***Viele Nomen**: Der Text ist anschaulich und leicht zu lesen.*
- ***Viele zusammengesetzte Nomen**: Der Text wirkt besonders anschaulich und sachlich genau.*
- ***Viele Adverbien**: Der Text wirkt komplex und detailliert. Es wird vorsichtig und genau formuliert.*

Wortwahl und Sprachstile

Diese Sprachstile solltest du kennen:

- **Vulgäre Ausdrucksweise** ist gekennzeichnet durch grobe Wortwahl.
- **Umgangssprache** ist der alltägliche, mündliche Sprachgebrauch. Typisch sind kurze und einfache, aber auch unvollständige Sätze.
- **Dialekte** sind regionale Sprechweisen.
- **Hochsprache** ist die allgemein verbindliche Form einer Sprache, wie sie in der Öffentlichkeit und im Schriftlichen meist verwendet wird. Sie ist vorbildlich, sprachlich korrekt und besteht meist aus ganzen Sätzen.
- **Fachsprache** ist der in einem Fachgebiet übliche Sprachgebrauch. Oft findet man Fremdwörter, die in das jeweilige Fachgebiet gehören. Man verwendet meist ganze Sätze.
- **Gruppensprache** (z. B. Jugendsprache) ist die Sprechweise einer bestimmten Gruppe, die vom allgemein üblichen Sprachgebrauch, sei es Hochsprache oder Umgangssprache, abweicht und nur innerhalb dieser Gruppe verwendet wird.

Beachte:
Der sprachliche Stil, die „Stilebene“ eines Textes, ist durch die Zeit, in der er geschrieben wurde, bestimmt sowie durch die Funktion des Textes, durch den Autor/die Autorin und das Thema.

Aufgabe 6

Lies den Merkkasten und den Tipp in der Randspalte.

Aufgabe 7

Ordne jeden Satz dem entsprechenden Sprachstil zu.

vulgäre Ausdrucksweise •	• Wer sich beim Anbringen eines Piercings eine Hepatitis zugezogen hat, muss häufig miterleben, wie sein Organ von einem Virus zerstört wird.
Umgangssprache •	• Dieser Trottel hat sowieso keine Ahnung, den meide ich wie die Pest.
Hochsprache •	• Mein Piercing ist total „in“, megageil, hat aber superätzend wehgetan.
Fachsprache •	• Fachärzte fordern zu Recht qualifizierte, ausgebildete Piercer, die im Idealfall Ärzte sein sollten.
Gruppensprache •	• Auf Flohmärkten fuhrwerken oftmals Ungelernte an Augenlid, Bauchnabel oder Ohr herum.

Aufgabe 8

a) Lies den Text „Ins Lid gerammt“ (Seite 6–7) noch einmal. In welchem Sprachstil ist der Text vorwiegend verfasst? Notiere Stichworte und belege deine Aussage mit einem Textzitat. Schreibe auf die Linien.
b) Welche Sprachstile kommen im Text noch vor? Zu welcher Stilebene gehört z. B. das Wort „fummelte“ (Zeile 11)? Notiere Stichworte und nenne weitere Textzitate.

„fummelte“ (Zeile 11):

Aufgabe 9

a) Schreibe die Fremdwörter aus dem Text heraus und kläre ihre Bedeutung aus dem Sinnzusammenhang oder schlage im Wörterbuch nach. Schreibe die Wörter und ihre Bedeutung in dein Heft.
b) Kannst du die Fremdwörter überwiegend einem bestimmten Fachgebiet zuordnen? Wenn ja, welchem? Einige Fachgebiete findest du in der Randspalte. Notiere Stichworte in dein Heft.

Fachgebiete:
Medizin, Biologie, Mode, Politik, Kunst, Verkehr, Technik, Sport …

Satzarten, Satzbau und Satzlänge

Satzarten:
- *Aussagesätze, Fragesätze, Ausrufesätze*

Nebensatzarten:
- *Kausalsätze, Konditionalsätze, Finalsätze, Temporalsätze, Konsekutivsätze, Modalsätze, Konzessivsätze, Komparativsätze, Adversativsätze*

In Sachtexten kann eine Satzart besonders häufig vorkommen. Daraus ergibt sich eine ganz bestimmte Wirkung, z. B. können viele Fragesätze die Lesenden stärker in den Text einbeziehen. In einem Text mit Argumenten werden dagegen Kausalsätze häufig verwendet.

Aufgabe 10

a) Lies den Merkkasten oben und die Information in der Randspalte daneben.
b) Untersuche abschnittsweise im Text „Ins Lid gerammt" (Seite 6–7) die Satzarten. Welche Satzart kommt am häufigsten vor? Notiere Stichworte und belege sie mit drei Textzitaten.

Satzbau:
- *Parataxe: Hauptsätze oder eine Reihung von Hauptsätzen*
- *Hypotaxe: Satzgefüge aus Hauptsätzen und Nebensätzen*

Auch der Satzbau bestimmt die Wirkung eines Textes. Kurze und unkomplizierte Sätze (Hauptsätze, einfache Haupt-und-Nebensatz-Gefüge) erleichtern die Lesbarkeit. Anspruchsvolle und lange Sätze erfordern ein konzentriertes Lesen und vertiefen die Aufmerksamkeit auf den Inhalt des Textes.

Aufgabe 11

Lies die folgenden Satzbeispiele. Beantworte die Fragen in Stichworten im Heft.
a) Welcher Satzbau wird im ersten Beispiel, welcher im zweiten verwendet? Die Informationen in der Randspalte helfen dir.
b) Wie wirkt das erste Beispiel auf dich, wie das zweite? Beachte den Merkkasten.

1. Beim Zungenpiercing zeigen sich Wundstellen sehr schnell. Die Zunge ist von vielen Blutgefäßen durchzogen, die beim Durchstechen schnell mit Blut volllaufen. Die Zunge schwillt an wie ein Wasserballon und versperrt die Atemwege. Nur ein Luftröhrenschnitt hilft vor dem Erstickungstod.

2. Wundstellen treten beim Zungenpiercing sehr viel schneller zu Tage, weil die Zunge von zahlreichen Gefäßen durchzogen ist, die nach dem Durchstechen binnen Sekunden mit Blut volllaufen können, wodurch die Zunge anschwillt, die Atemwege versperrt werden und nur noch ein Luftröhrenschnitt dem Erstickenden helfen kann.

Aufgabe 12

a) Untersuche nun abschnittsweise den Satzbau im Text „Ins Lid gerammt" (Seite 6–7). Sind die Sätze in der Mehrzahl kurz und unkompliziert oder lang und anspruchsvoll? Notiere Stichworte in dein Heft. Belege deine Aussage mit drei Textzitaten.
b) Welche Funktion hat dieser Satzbau? Der mittlere Merkkasten zum Satzbau auf Seite 16 hilft dir. Schreibe Stichworte in dein Heft.

Wertungen im Text

Nicht jeder Sachtext setzt sich objektiv und sachlich mit dem dargestellten Sachverhalt auseinander. Zeitungstexte (z. B. ein Kommentar oder ein Leserbrief) können **Meinungsäußerungen zum Thema** und **Kommentare zu den Fakten** enthalten. Fehlt die Gegenposition und gibt es eine Stellungnahme des Autors / der Autorin zum Thema, liegt eine **subjektive Darstellung** vor. Persönliche Stellungnahmen erkennt man an den „versteckten" **Wertungen in den Formulierungen**.

Tipp
Überlege, ob es sich grundsätzlich um einen wertenden Text handelt oder ob nur vereinzelt Wertungen vorkommen.

Aufgabe 13

a) Lies den Merkkasten oben und den Tipp daneben.
b) Lies die folgenden Beispiele aufmerksam. Schreibe hinter jeden Satz, ob er sachlich oder wertend ist. Beachte den unteren Tipp und die Formulierungen in der Randspalte.

Tipp
Wenn Meinungen von anderen zitiert werden, ist der Text sachlich. Der Autor/die Autorin hält dabei seine/ihre eigene Meinung zurück.

Der Zigarettenkonsum von Jugendlichen hat sich in den vergangenen zehn Jahren in Deutschland alarmierend erhöht. ______________________

Und wäre eine Sondersteuer für Alkopops, die Jugendliche zu Alkoholkonsum verführen, nicht ein Schritt in die richtige Richtung? Ich denke, dem können alle zustimmen. ______________________

In den letzten Jahren habe sich der Unterschied zwischen männlichen und weiblichen Jugendlichen seiner Meinung nach stark reduziert. ______________________

Die Arbeitszeiten sind einfach zu lang: Von morgens bis abends zu arbeiten, gefällt sicher niemandem. ______________________

*Diese **Formulierungen** weisen auf eine Wertung des Autors/der Autorin hin:*
- *Ich denke/glaube/finde ...*
- *Für mich ist das ...*
- *Ist es nicht so, dass ...*
- *Meiner Meinung nach ...*
- *Wer wird bestreiten, dass ...*

Aufgabe 14

Kommen im Text „Ins Lid gerammt" Wertungen vor? Belege deine Aussage mit Textzitaten. Schreibe in dein Heft. Beachte den Tipp neben dem Merkkasten in der Randspalte.

Formen der Rede

Tipp
Auf Seite 49 findest du einen Merkkasten zu Formen der Rede.

Wesentlich für die Sachlichkeit und Glaubwürdigkeit eines Textes sind Belege in Form von indirekter oder direkter Rede (Zitate).

Aufgabe 15

a) Lies die drei Textstellen. Schreibe dahinter, ob der Autor indirekte oder direkte Rede (Zitat) verwendet. Du kannst die Angaben aus der Randspalte zuordnen.
b) Ergänze anschließend drei weitere Beispiele aus dem Text „Ins Lid gerammt". Notiere hinter die Textstelle mit Zeilenangabe, ob es sich um indirekte oder direkte Rede (Zitat) handelt. Schreibe in dein Heft.
c) Welche Funktion haben die verwendeten Formen der Rede?
Notiere Stichpunkte in dein Heft. Der Merkkasten oben hilft dir.

- *indirekte Rede mit Zitat*
- *indirekte Rede*
- *Zitat*

„Andere Mediziner halten dagegen, dass ein Arzt laut hippokratischem Eid seinen Patienten keinen Schaden zufügen dürfe." (Zeile 119–121) ____________________

„Benedikt Folz, HNO-Oberarzt an der Universität Marburg, kann sich (...) gut erinnern: Der junge Mann hatte sich einen Stecker in die obere Ohrmuschel schießen lassen. Die Stelle hatte sich so stark entzündet, dass der Knorpel ‚komplett kaputt' war (...)." (Zeile 68–74) ____________________

„Augenarzt Roth fordert ‚qualifizierte, ausgebildete Piercer', die im Idealfall Ärzte sein sollten." (Zeile 117–119) ____________________

Zeitform

Aufgabe 16

Lies folgende Verben aus dem Text „Ins Lid gerammt". Schreibe die richtigen Zeitformen dahinter. Die Information in der Randspalte hilft dir.

***Zeitformen**:*
- *Plusquamperfekt: sie hatte gesagt*
- *Perfekt: sie hat gesagt*
- *Präteritum: sie sagte*
- *Präsens: sie sagt*
- *Futur 1: sie wird sagen*
- *Futur 2: sie wird gesagt haben*

- *Plusquamperfekt: er war gelaufen*
- *Perfekt: er ist gelaufen*
- *Präteritum: er lief*
- *Präsens: er läuft*
- *Futur 1: er wird laufen*
- *Futur 2: er wird gelaufen sein*

es braucht (Zeile 1): Präsens

sie hatte geschmückt (Zeile 4–6): ____________________

die wollten (Zeile 7): ____________________

sie sind (Zeile 17): ____________________

er hat sich zugezogen (Zeile 20–22): ____________________

Aufgabe 17

Welche Zeitform wird überwiegend im Text „Ins Lid gerammt" verwendet? Untersuche abschnittsweise die Verben des Textes. Notiere Stichworte in dein Heft.

Stilmittel

Beachte:
In Sachtexten gibt es weniger Stilmittel als in literarischen Texten. Stilmittel kannst du auf Seite 94 nachschlagen.

Der „Rahmen" ist ein Gestaltungsmittel von Texten. Ein Gedanke oder ein Beispiel erscheint am Anfang und am Ende eines Textes und bildet so eine Klammer.

Aufgabe 18

a) Lies den Merkkasten oben.
b) Lies den ersten und den letzten Abschnitt des Textes. Welcher Zusammenhang besteht zwischen den beiden? Notiere Stichworte in dein Heft.
c) Welche Aufgabe hat dieser Rahmen? Schreibe Stichworte in dein Heft.

Aufgabe 19

a) Lies den mittleren Merkkasten.
b) Schlage die Erklärungen dieser Stilmittel auf Seite 94 nach und schreibe sie in dein Heft.
c) Werden einige dieser Stilmittel im Text „Ins Lid gerammt" verwendet? Wenn ja, welche? Notiere Stichworte in dein Heft.

Diese **Stilmittel** können **in Sachtexten** vorkommen:
Ellipse, Gegensatz, Ironie, Metapher, Rahmen, rhetorische Frage, Übertreibung, Vergleich, Wiederholung.

Aufgabe 20

Löse die Teilaufgabe 2 von Seite 12 auf eigenen Blättern, so wie in der Prüfung. Verwende dabei die Ergebnisse aus diesem Kapitel, die sich auf den Text „Ins Lid gerammt" beziehen. Die Arbeitsschritte im unteren Merkkasten helfen dir.

Untersuche in einzelnen Arbeitsschritten folgende Merkmale eines Sachtextes:
- optische Gestaltung
- grafische Gestaltung
- Wortarten
- Wortwahl und Sprachstile
- Fremdwörter und Fachsprachen
- Satzarten, Satzbau und Satzlänge
- Wertungen
- Zitate, direkte und indirekte Rede
- Zeitform
- Stilmittel

Meine Bearbeitungszeit für die Teilaufgabe 2:

Aufgabe 21

Kopiere die Checkliste auf Seite 96 und überarbeite deine Lösung aus Aufgabe 20 mit Hilfe der Liste.

ZU SACHTEXTEN SCHREIBEN

Absicht des Autors / der Autorin und Wirkung des Textes

Bei den Teilaufgaben 3 und 4 arbeitest du mit dem Text „No Logo“ von Johannes Gernert.

Hier kannst du üben, wie du die Teilaufgabe 3 bearbeitest.

Die Prüfungsaufgabe

Lies den Artikel „No Logo“ von Johannes Gernert aus der Berliner Zeitung sorgfältig durch und bearbeite dann die folgenden Teilaufgaben. Bei der Teilaufgabe 4 musst du a) oder b) wählen.

Teilaufgabe 1: Gib den Inhalt des Textes in eigenen Worten wieder.
Teilaufgabe 2: Beschreibe die äußere Gestalt und die Sprache des Textes. Belege deine Aussagen mit Textzitaten.

Teilaufgabe 3: Untersuche die mögliche Absicht des Autors und die Wirkung des Textes.

Teilaufgabe 4: a) Nimm Stellung zu dem Plan der Realschule in Herkenrath, eine Kleiderrichtlinie einzuführen. Nimm dabei Bezug auf die Aussagen im Text.
Oder:
b) Du bist Schulsprecher der Realschule in Herkenrath. Du stellst den neuen fünften Klassen das Projekt „Kleiderrichtlinie“ vor. Schreibe einen Artikel für die Informationswand der Schule, in dem du die Idee vorstellst und über den Verlauf des Projektes berichtest.

No Logo

In Nordrhein-Westfalen enden die Sommerferien. Eine Schule in Herkenrath führt Uniformen ein – auf Wunsch der Kinder.

Von Johannes Gernert

Berlin, 12. September. Das Wort Schuluniform gefällt Monika Thilo nicht. „Das klingt so sehr nach Schottenrock, so englisch“, sagt die Direktorin der Herkenrather Realschule im nordrhein-westfälischen Bergisch Gladbach. Es wird in ihrer Schule im neuen Schuljahr also keine Schuluniform geben, sondern eine Kleiderrichtlinie. Und ein Verbot: No Logo – keine Marken. So hat das der Schülerrat beschlossen. Basisdemokratisch[1]. Denn nur so könnten solche Fragen entschieden werden, sagt Monika Thilo. Nicht „top down“[2], aber „bottom up“[3], von unten nach oben also. „Es bringt ja nichts, etwas aufzudiktieren.“

Die modische Einheitsidee kommt von den Schülern selbst. Vor einem Jahr hatten sie angeregt, einen Gemeinschaftslook einzuführen. Ein Modeausschuss tagte und klärte die Stilfrage: Jeans, weißes Hemd und schwarze Strickjacke. Und für den Winter einen schwarzen Sportanorak. Das „praktische und konsensfähige Outfit“ (Thilo) wurde auf einer Modenschau vorgestellt. Und es kam an. Zunächst trug es probeweise nur die Klasse 9 b. Doch bald folgten andere Schüler. Ein Drittel entschied sich für den Entwurf. Freiwillig.

[1] basisdemokratisch: Alle Betroffenen entscheiden aktiv mit.
[2] top down: von oben nach unten
[3] bottom up: von unten nach oben

LÖSUNGSTEIL

Viele Lösungen sind nur Vorschläge, an denen du dich orientieren kannst.
Da, wo „Zum Beispiel" steht, kannst du auch etwas anderes geschrieben haben.

Zu Sachtexten schreiben

Inhaltsangabe

Seite 8 **Aufgabe 1** b) Inhaltsangabe, Wesentliche, Formulierungen, kurz, Sätzen

Aufgabe 2 *Zum Beispiel:* Ich vermute, in dem Artikel geht es um den Modetrend „Piercing" und seine schädlichen Folgen für die Gesundheit.

Aufgabe 3 b) *Zum Beispiel:* Gesundheit gefährdet durch Piercing, Organschäden, viele Betroffene, Entzündungen, Allergien, ohne Schulung gepierct, selbst gepierct, Folgen verursachen hohe Kosten, sollen nur Ärzte piercen?

Seite 9 **Aufgabe 6** b) *Zum Beispiel:*

Zeile 1–15: Piercing kann eine natürliche Geburt beeinträchtigen.
Zeile 16–35: Mögliche Folgen sind Virusinfektionen und Schäden an Organen.
Zeile 36–45: Bei jedem fünften Gepiercten kommt es zu Entzündungen oder Allergien.
Zeile 46–66: Die Bedingungen beim Stechen verursachen Entzündungen und sind gefährlich, weil Piercer nicht ausgebildet sein müssen.
Zeile 67–78: Ein Mann hat ein Ohr durch Piercing verloren.
Zeile 79–90: Piercing kann auch Hornhautvergiftung am Auge und Lähmung des Lids verursachen.
Zeile 91–106: Die Wundbehandlungen kosten die deutschen Kassen einen zweistelligen Millionenbetrag.
Zeile 107–113: Kinder können das Piercing in die Lunge verschlucken.
Zeile 114–122: Es werden ausgebildete Piercer gefordert, evtl. sollen nur Ärzte piercen.
Zeile 123–128: Eine Patientin forderte Kosten für den Schmuck zurück.

Seite 10 **Aufgabe 7** b) informierend

Aufgabe 8 *Zum Beispiel*: In dem Artikel „Ins Lid gerammt" geht es um den Modetrend „Piercing" und seine schädlichen Folgen für die Gesundheit. Der Artikel ist informierend und legt den Schwerpunkt auf die negativen Folgen des Piercings, die er ausschließlich darstellt. Der Autor Jan Schweitzer berichtet sachlich über verschiedene Fälle von Erkrankungen und nennt Zahlen der Betroffenen sowie Kosten der Behandlungen.
Am Anfang des Artikels wird von einem Fall berichtet, in dem Piercing an den Geschlechtsorganen beinahe eine natürliche Geburt verhindert hätte. Mögliche Folgen des Piercings können unter anderem Virusinfektionen und Schäden an Organen sein. Zahlen belegen, dass es bei jedem fünften Gepiercten zu Entzündungen oder Allergien kommt. Allein die Wundbehandlungen kosten die deutschen Kassen einen zweistelligen Millionenbetrag. Weil Piercer in Deutschland nicht ausgebildet sein müssen, sind es besonders die Bedingungen beim Stechen, die Entzündungen und Allergien verursachen. Es werden daher ausgebildete Piercer gefordert. Es wird auch diskutiert, ob nur Ärzte piercen sollten. In dem Artikel wird der Fall eines Mannes geschildert, der durch Piercing ein Ohr verloren hat. Piercing in Augennähe hat auch schon Lähmungen des Augenlids und Hornhautvergiftung am Auge zur Folge gehabt. Besonders für Kleinkinder ist Piercing gefährlich. Einige haben das Piercing in die Lunge verschluckt. Der Artikel schließt mit dem Fall der Mutter, deren Piercings an den Geschlechtsorganen beinahe eine natürliche Geburt verhindert hätten: Sie forderte nach der gut verlaufenen natürlichen Geburt das Geld für den entfernten Piercingschmuck zurück.

Aufgabe 9 Bericht

Seite 11

Aufgabe 10

Zum Beispiel: Bericht, „Ins Lid gerammt", Jan Schweitzer, gesundheitlichen Schäden durch Piercing entstehen können.

Aufgabe 11

- streichen: „Erzählt wurde von Patienten, deren Herzklappen zerfressen wurden, nachdem sich ein Piercingring infiziert hatte und die Erreger in die Blutbahn geschwemmt worden." (Nicht als Übernahme aus dem Text gekennzeichnet)
- korrigierter Zeitformfehler: „Erzählt wird von Patienten, (...)." (Präsens)
- korrigierter Grammatikfehler: „(...) und die Erreger in die Blutbahn geschwemmt worden waren." „(...) wird über die Folgen des Piercings berichtet."

Aufgabe 12

Inhaltsangabe

Zum Beispiel: Der Bericht „Ins Lid gerammt" von Jan Schweitzer ist in der Zeitschrift „Der Spiegel", Nr. 6/2001, erschienen. Er stellt dar, welche gesundheitlichen Schäden durch Piercing entstehen können.

Der Artikel berichtet informierend nur über die negativen Folgen des Piercings. Der Autor Jan Schweitzer schreibt sachlich über verschiedene Fälle von Erkrankungen und nennt Zahlen der Betroffenen sowie Kosten der Behandlungen.

Mögliche Folgen des Piercings können unter anderem Virusinfektionen und Schäden an Organen sein. Zahlen belegen, dass es bei jedem fünften Gepiercten zu Entzündungen oder Allergien kommt. Allein die Wundbehandlungen kosten die deutschen Kassen einen zweistelligen Millionenbetrag. Weil Piercer in Deutschland nicht ausgebildet sein müssen, sind es besonders die Bedingungen beim Stechen, die Entzündungen und Allergien verursachen. Es wird deshalb diskutiert, ob nur ausgebildete Piercer oder nur Ärzte piercen sollten.

Äussere Gestalt und Sprache des Textes

Seite 12

Aufgabe 1

a) äußere Gestalt, Sprache des Textes, Belege, mit Textzitaten

b) *Zum Beispiel:* Ich soll die äußere Gestalt und die Sprache des Textes „Ins Lid gerammt" untersuchen. Ich verdeutliche und belege meine Behauptungen mit Textzitaten.

Aufgabe 2

c) Optische Gestaltungsmerkmale

Umfang: eineinhalb Druckseiten, 128 Zeilen, umfangreicher Text
Anzahl der Spalten: zwei
Anzahl der Absätze: 13 deutlich erkennbare Absätze
Abbildungen: zwei Fotos: beliebte Popsängerin mit Piercings und eine Frau mit vielen großen und auffallenden Piercings
Anzahl der Überschriften: eine Überschrift („Ins Lid gerammt"),
keine Zwischentitel, keine Ortsmarke

Grafische Gestaltungsmerkmale

Dachzeile: „Ins Lid gerammt" – alles in Großbuchstaben, fett gedruckt, andere Schriftart
Unterzeile: keine
Vorspann: zweizeilig, in kursiver Schrift
Anfangsbuchstabe des Lauftextes: überdeutlich großes „M"
Art der Überschriften: Es gibt nur die Dachzeile – keine weiteren Überschriften.
Bildunterschriften: kursiv gesetzt und kurz
Satz: Blocksatz im Lauftext; Zeilennummern erleichtern die Arbeit mit dem Text.
Hervorhebungen einzelner Abschnitte: keine

Seite 13 *Aufgabe 3*

Die Aufgaben der optischen Gestaltungsmerkmale
Anordnung des Textes „Ins Lid gerammt" in zwei Spalten: Kürzere Zeilen sind leichter lesbar.
13 erkennbare Absätze: lockern den umfangreichen Text und gliedern ihn in inhaltliche Schwerpunkte. Sie erleichtern auch die Informationsentnahme.
Fotos: wecken Interesse beim jugendlichen Leser und machen zwei Seiten des Piercings anschaulicher: die modische und beliebte Sängerin einerseits und die ausgefallen aussehende unbekannte Punkerin.
Nur eine Überschrift: Der Text wirkt einheitlich; es scheint nur um einen Aspekt zu gehen; die einzige Überschrift ist kurz, macht aber neugierig.

Aufgabe 4

Die Aufgaben der grafischen Gestaltungsmerkmale
Dachzeile: hebt sich durch die andere Schriftart ab, nennt das Thema des Textes.
Vorspann: gibt die Grundaussage knapp wieder, präzisiert die Überschrift und hebt sich durch Kursivdruck ab.
Übergroßer Anfangsbuchstabe des Lauftextes: Textbeginn sofort erkennbar.
Bildunterschriften: erläutern knapp, wer (Britney Spears) und was (bizarrer Körperschmuck) dargestellt ist.
Blocksatz: wirkt übersichtlich, Blatt wird effektiv genutzt.

Seite 14 *Aufgabe 5*

a) *Zum Beispiel im 2. und 3. Absatz:*
Nomen: das Baby, der Kaiserschnitt, die Welt, der Arzt, der Piercingschmuck, das Stück, der Intimbereich, das Kind, der Platz, der Weg, das Geschäft, der Körperschmuck, die Folgen, die Mutter, die Hepatitis, das Anbringen, das Piercing, die Leberentzündung, das Organ, der Virus
Verben: (es) holen müssen, (er) fummelte, (es) hatte, (es) konnte geboren werden, (es) floriert, (sie) sind, (sie) sind gefürchtet, (er) hat sich zugezogen, (er) muss miterleben, (es) wird zerstört
Adjektive: natürlich, bizarr, ernst, chronisch
Adverbien: erst, dann, genug, oft, häufig
b) **hoher Anteil von Nomen**: Text ist dadurch anschaulich und leicht zu lesen; viele der Nomen sind zusammengesetzte Nomen; Text wirkt dadurch besonders anschaulich und sachlich genau („Körperschmuck", „Intimbereich", „Leberentzündung").

Seite 15 *Aufgabe 7*

vulgäre Ausdrucksweise: „Dieser Trottel hat sowieso keine Ahnung (...)"
Umgangssprache: „Auf Flohmärkten fuhrwerken oftmals Ungelernte (...)"
Hochsprache: „Fachärzte fordern zu Recht qualifizierte (...)"
Fachsprache: „Wer sich beim Anbringen eines Piercings eine Hepatitis (...)"
Gruppensprache: „Mein Piercing ist total ‚in', megageil, (...)"

Aufgabe 8

a) Vorwiegend Fachsprache, z. B.: „Der Ulmer Augenarzt (...) musste einen Piercingträger wegen einer Hornhautvergiftung behandeln." (Zeile 79–82), „Hinzu kämen sowohl die Kosten für die Therapie chronischer Infektionen als auch (...) allergischen Reaktionen." (Zeile 96–100)
Und Hochsprache: „Zwar leiden die meisten Geschädigten nicht an solch drastischen Folgen, doch die Anzahl der Betroffenen alarmiert (...)" (Zeile 36–38).
b) Auch umgangssprachliche Wörter und Wendungen: „fummelte" (Zeile 11) sowie „fuhrwerken" (Zeile 48), „komplett kaputt" (Zeile 68–69), „nur noch ein Hautsack" (Zeile 75), „bekam es danach mit der Frau zu tun" (Zeile 126).

Aufgabe 9

a) *Das sind die Fremdwörter des Textes; die meisten von ihnen kennst du bestimmt:*
Genitalbereich, divers, Kaiserschnitt, Intimbereich, bizarr, florieren, Hepatitis B oder C, Virus, drastisch, alarmieren, Allergie, Studio, Desinfektion, Kontaktoptik, Praxis, Komplikation, Therapie chronischer Infektionen, infizieren, allergisch, Prozent, kontrovers, qualifiziert, hippokratischer Eid, Intimschmuck
b) überwiegend Fremdwörter aus dem Fachgebiet der Medizin

Seite 16 *Aufgabe 10*

b) Am häufigsten sind einfache **Aussagesätze**: „Sie hatte ihren Genitalbereich mit diversen Metallringen und -steckern geschmückt. Und die wollten sich (...) Stück für Stück aus dem Intimbereich." (Zeile 4–12). Unter den Nebensatzarten dominiert keine, es bilden sich **Konzessivsätze**, **Konsekutivsätze**, aber auch **Final-**, **Konditional-**, **Kausal-**, **Temporal-** und **Modalsätze**.

SEITE 16 ***Aufgabe 11***

a) Beispiel 1: kurze Hauptsätze, kurze Satzgefüge (Parataxen)
Beispiel 2: ein kompliziertes, langes Satzgefüge mit Reihung von Nebensätzen (Hypotaxe)
b) Das erste Beispiel: wesentlich leichter lesbar, ein Gedankengang entspricht einem Satz. Das zweite Beispiel: muss man mehrmals lesen, um die inhaltlichen Zusammenhänge zu erfassen.

SEITE 17 ***Aufgabe 12***

a) Satzbau: entweder kurze Hauptsätze oder unkompliziert gebaute Satzgefüge, z. B. „Schuld daran sind vor allem die Bedingungen, unter denen zugestochen wird: In Studios oder auf Flohmärkten fuhrwerken oftmals Ungelernte an Augenlid, Bauchnabel oder Ohr herum. Jeder in Deutschland darf – ohne Schulung – ein Piercinggeschäft eröffnen." (Zeile 46–51)
b) Text ist leicht zu lesen, Informationen können dem Text schnell entnommen werden, überfordert jugendliche Leser nicht.

Aufgabe 13

b) „Der Zigarettenkonsum (...) erhöht." – sachlich
„Und wäre eine Sondersteuer (...) zustimmen." – wertend
„In den letzten Jahren (...) stark reduziert." – sachlich
„Die Arbeitszeiten sind (...) niemandem." – wertend

Aufgabe 14

Der Text bietet eine sachliche Auseinandersetzung mit den Piercingfolgen. Der Autor wertet nicht. Der gesamte vorletzte Abschnitt (Zeile 114–122) gibt Meinungen von Ärzten wieder. Ungewiss ist, ob der Autor auch so denkt.

SEITE 18 ***Aufgabe 15***

a) „Andere Mediziner (...) dürfe." – indirekte Rede
„Benedikt Folz, HNO-Oberarzt (...) ‚komplett kaputt' war." – indirekte Rede mit Zitat
„Augenarzt Roth fordert (...) sollten." – Zitat
b) „Ein anderer Patient kam mit der Lähmung eines Augenlids in seine Praxis: Er hatte bei einem Diskobesuch einen Ring von seiner Freundin geschenkt bekommen und sich diesen direkt an Ort und Stelle ‚ins Lid gerammt', erzählt Roth." (Zeile 85–90) – indirekte Rede mit Zitat
„Berücksichtigt seien dabei nur die Wundbehandlungen, sagt Pressesprecher Lothar Thormählen. Hinzu kämen sowohl die Kosten für die Therapie chronischer Infektionen als auch die für die Behandlung der – durchaus häufigen – allergischen Reaktionen." (Zeile 94–100) – indirekte Rede ohne Zitat
„Nichts anderes sei aber das Piercen." (Zeile 122) – indirekte Rede ohne Zitat
c) Durch Aussagen von Experten sowie Fallbeschreibungen beweist der Text die Behauptung: Piercings sind gefährlich. Belege werden als Zitat, direkte oder indirekte Rede oder in vermischter Form wiedergegeben.

Aufgabe 16

es braucht – Präsens; sie hatte geschmückt – Plusquamperfekt; die wollten – Präteritum;
sie sind – Präsens; er hat sich zugezogen – Perfekt

Aufgabe 17

Vorwiegend Präsens; häufiger Wechsel ins Präteritum; allgemein gültige Aussagen und gegenwärtiger Sachstand werden im Präsens beschrieben; konkrete Beispiele für gesundheitsschädigende Folgen werden im Präteritum angeführt.

SEITE 19 ***Aufgabe 18***

b) Beginn des Textes: junge Frau aus Ulm hätte ohne die Bemühungen des Arztes keine natürliche Geburt ihres Kindes gehabt wegen Piercingschmuckes im Genitalbereich. Letzter Abschnitt des Textes: erneut der Fall der jungen Frau: Sie fordert Schadensersatz für den Piercingschmuck. Dieses Beispiel am Anfang und Ende bildet einen Rahmen um den Text.
c) Rahmung führt die Leser an Anfang zurück: Text wirkt „geschlossen", abgerundet.

Aufgabe 19

c) Übertreibung: „ins Lid gerammt" (Überschrift und Zeile 89); Metaphern: „nur noch ein Hautsack" (das heißt: Ohr ohne Knorpel) (Zeile 75); „eine Brust verloren" (Zeile 34–35) (diese Metapher ist allerdings in den alltäglichen Sprachgebrauch eingegangen); Vergleich: „wie ein Wasserballon" (Zeile 62–63).

SEITE 19 — *Aufgabe 20*

Äußere Gestalt und Sprache des Textes

Die Lösung der Aufgabe ergibt sich, wenn du deine Ergebnisse der Aufgaben 2–19 von S. 12–19 in ganzen Sätzen zusammenfasst.

ABSICHT DES AUTORS / DER AUTORIN UND WIRKUNG DES TEXTES

SEITE 22 — *Aufgabe 1*

siehe Seite 12 im Lösungsteil

Aufgabe 4

Im Mittelpunkt des Textes stehen Schülerinnen und Schüler sowie Lehrer der Herkenrather Realschule. Für den Text könnten sich Schüler, Lehrer und Eltern interessieren.

SEITE 23 — *Aufgabe 5*

Die Überschrift ist sehr knapp gehalten und ohne den Text oder das Foto nicht verständlich. Der Ausdruck „No Logo" bedeutet übersetzt so viel wie „Keine Marke". Damit wird schon auf das Thema des Artikels – das Verbot von Markenkleidung an der Schule – angespielt.
Die Überschrift ist in Jugendsprache formuliert.

Aufgabe 6

Im Vorspann wird besonders betont, dass die Schulkleidung auf Wunsch der Schüler eingeführt wurde.

Aufgabe 7

Der Zwischentitel „Ohne modisches Diktat" betont, dass die Schüler nun nicht mehr dem Druck ausgesetzt sind, mit moderner Markenkleidung zur Schule gehen zu müssen, um akzeptiert zu werden.

Aufgabe 8

- Einführung einer Kleiderrichtlinie an der Herkenrather Realschule
- der Schülerrat (Versammlung der Schülerinnen und Schüler dieser Schule)
- Jeans, weißes Hemd, schwarze Strickjacke, im Winter schwarzer Sportanorak; Idee stammt vom Modeausschuss der Schülerinnen und Schüler
- Den meisten Schülern gefiel die Kleidung gleich; einige Lehrer wehrten sich anfangs; drei Schüler machen nicht mit.

SEITE 24 — *Aufgabe 9*

Frage, was man morgens anziehen soll, erübrigt sich; Kleider können günstig nachgekauft werden; Abschaffung von Modediktat und Labelzwang; Persönlichkeit tritt hervor, Kleidung zurück; Kluft zwischen wohlhabenden und ärmeren Schülern soll beseitigt werden; kein Jobben für teure Kleider, „ordentliche" Kleidung, besseres Gemeinschaftsgefühl

Aufgabe 10

b) *Zum Beispiel:* Ich denke, der Autor steht auf der Seite der Schüler und Lehrer in Herkenrath. Er unterstützt die Meinung der Direktorin und der Schülerinnen und Schüler, die für die Kleiderrichtlinie sind. Sicher möchte er die Lesenden von dem Projekt überzeugen. Er nennt viele Argumente, die für eine Kleiderrichtlinie an Schulen sprechen.
Nur an zwei Stellen werden Gegenstimmen erwähnt, jedoch gleich entkräftet: Ein Verlust an Individualität sei nicht zu befürchten (Zeile 51–52) und einige hätten sich noch eine strengere Kleiderordnung nach britischem Vorbild gewünscht (Zeile 70–73). Der Autor übt keine Kritik.

Aufgabe 11

zum Nachdenken anregen; über einen Sachverhalt informieren; zur Meinungsbildung beitragen

Aufgabe 12

Zum Beispiel: Im Mittelpunkt des Artikels „No Logo" von Johannes Gernert aus der „Berliner Zeitung" vom 13./14.09.2003 stehen die Schülerinnen und Schüler sowie die Lehrer der Herkenrather Realschule. Für den Text könnten sich Schüler, Lehrer und Eltern interessieren.
Die Überschrift „No Logo" bedeutet übersetzt so viel wie „Keine Marke" und spielt schon auf das Thema des Artikels – das Verbot von Markenkleidung an der Schule – an. Sie ist in Jugendsprache formuliert. Der Artikel informiert sachlich über die Kleiderrichtlinie an jener Schule. Gleichzeitig soll er zum Nachdenken über den an vielen Schulen herrschenden Markenzwang anregen. Obwohl der Autor seine eigene Meinung zum Thema nicht klar äußert, wird deutlich, dass er dem Leser das Markenverbot an Schulen näherbringen will, da er fast ausschließlich Gründe nennt, die für eine Kleiderordnung sprechen. Schon im Vorspann wird betont, dass die Schulkleidung auf Wunsch der Schüler eingeführt wurde.

SEITE 25 ***Aufgabe 13*** *Zum Beispiel:* Die Überschrift „No Logo" ist in Jugendsprache formuliert und wirkt daher auf mich sehr ansprechend. Sie weckt Neugier, den Artikel zu lesen.

Aufgabe 14 b) *Zum Beispiel:* Der Artikel wirkt auf mich sehr interessant, da ich selbst schon mit dem Problem des Markenzwangs konfrontiert worden bin. Der Text setzt sich kritisch mit dem Modezwang an Schulen auseinander und regt zum Nachdenken an. Allerdings werden die Probleme, die eine Kleiderrichtlinie mit sich bringt, zu wenig beleuchtet. Der Text wirkt deshalb etwas einseitig.

Aufgabe 15 *Diese Punkte könntest du noch in deinen Cluster „Ist das Thema Schuluniformen für mich aktuell?" eingetragen haben:* ich möchte keine Uniform tragen; auch heute werden Schüler, die sich keine Markenkleidung leisten können, zu Außenseitern; Marken zählen heute für viele mehr als innere Werte; heutzutage verschulden sich viele Schüler wegen teurer Kleidung.

SEITE 26 ***Aufgabe 16*** *Zum Beispiel:* Das Thema Kleiderordnung an Schulen besitzt große Aktualität. Markenkleider sind bei Schülern sehr beliebt. Viele meinen, sie müssten Marken tragen, um dazuzugehören. Schüler, die sich aus finanziellen Gründen keine Marken leisten können, werden oft gehänselt und ausgeschlossen. Andere Schüler verschulden sich.
Ich fühle mich durch den Text besonders angesprochen, da ich selbst schon unter dem Modediktat zu leiden hatte und mir die Probleme, die das Tragen von Marken mit sich bringt, deshalb vertraut sind.

Aufgabe 17 **Absicht des Autors und Wirkung des Textes**
Zum Beispiel: Der Artikel „No Logo" von Johannes Gernert aus der „Berliner Zeitung" vom 13./14.09.2003 wendet sich vor allem an Schüler, Lehrer und Eltern.
Die Überschrift „No Logo" bedeutet übersetzt so viel wie „Keine Marke" und spielt schon auf das Thema des Artikels an, das Verbot von Markenkleidung an der Schule. Sie ist in Jugendsprache formuliert, um besonders die Schüler anzusprechen. Der Artikel will sachlich über die Kleiderrichtlinie an der Realschule in Herkenrath informieren. Ich denke, er soll auch zum Nachdenken über den an vielen Schulen herrschenden Markendruck anregen. Obwohl der Autor seine eigene Meinung zum Thema nicht klar äußert, wird deutlich, dass er dem Leser das Markenverbot an Schulen näherbringen will, da er fast nur Vorteile einer Kleiderrichtlinie nennt. Schon im Vorspann wird betont, dass die Schulkleidung auf Wunsch der Schüler eingeführt wurde. Das spricht die Schülerinnen und Schüler besonders an. Das Thema ist besonders aktuell, weil an vielen Schulen der Markendruck auf Schüler ständig wächst. Ich fühle mich durch den Text besonders angesprochen, da ich selbst schon unter dem Modediktat zu leiden hatte und mir die Probleme, die das Tragen von Marken mit sich bringt, deshalb vertraut sind.

EINE STELLUNGNAHME SCHREIBEN

SEITE 27 ***Aufgabe 1*** a) Die Aufgabe verlangt von mir, dass ich meine eigene Meinung zur vorgeschlagenen Schuluniform aufschreibe. Ich beziehe mich dabei auf Argumente des Textes.

SEITE 28 ***Aufgabe 2*** „Wir wollen eine öffentliche Schule sein, die sich Modediktat und Labelzwang entzieht." (Zeile 48–50)

Aufgabe 3 *Zum Beispiel:* Mit dem Tragen von Markenkleidung habe ich die Erfahrung gemacht, dass Menschen, die sie tragen, mehr Aufmerksamkeit erregen und vor allem in der Schule beliebt sind. Andererseits gibt es deswegen auch viel Neid. Manche halten sich für „etwas Besseres", nur weil sie sich Markenkleidung leisten können. Gut finde ich an Markenkleidung, dass sie oft wirklich schick aussieht und mir Selbstbewusstsein gibt. Es können sich aber nicht alle diese teure Kleidung leisten.

Aufgabe 4 *Zum Beispiel:* Ich persönlich würde gerne viel Geld für Kleidung ausgeben.
Markenkleidung sieht meiner Meinung nach besser aus als andere Kleidung und besonders als Uniformen.
Menschen in Uniformen sehen weiterhin sehr unterschiedlich aus, finde ich. Aber aus der Entfernung sieht man nur die Uniform und sie fällt sehr stark auf.

Obwohl Menschen Uniformen tragen, sieht man Unterschiede wie das Alter, ob sie Mann oder Frau sind, ob sie gepflegt sind oder ob sie hübsch sind, ob sie lustig sind oder traurig. Kleidung, die mir persönlich gefällt, würde sich für eine Uniform eignen. Aber ich trage gern jeden Tag etwas anderes.

Seite 29 **Aufgabe 5** *Zum Beispiel:* Ich bin gegen die Einführung von Schuluniformen.
Ich persönlich trage gern jeden Tag etwas anderes zum Anziehen. Das muss nicht unbedingt teure Markenkleidung sein. Denn obwohl Menschen in Uniformen weiterhin unterschiedlich aussehen, ist die Wirkung der Uniform sehr stark. Auf die Entfernung zum Beispiel sieht man zuerst die Uniform.

Aufgabe 6 b) 1. praktische und konsensfähige Kleidung
2. schwierige morgendliche Frage nach der passenden Kleidung erübrigt sich
3. Kleidung tritt zurück, die Persönlichkeit hervor
4. modische Kluft zwischen wohlhabenden und ärmeren Kindern wird geschlossen
5. niemand muss mehr neben der Schule für teure Kleidung jobben gehen
6. keine Spagettiträger mehr, keine Hosen unter der Gürtellinie, wo alles sichtbar wird
7. verbessertes Gemeinschaftsgefühl

Aufgabe 7 b) Schule, Herkenrath, gut / schlecht.

Seite 30 **Aufgabe 8** *Zum Beispiel:* Die Gründe, die im Text „No Logo“ für die Kleiderrichtlinie genannt werden, finde ich im Großen und Ganzen überzeugend. / Die Begründungen im Text „No Logo“ halte ich für nicht einleuchtend.

Aufgabe 9 A *für die Kleiderrichtlinie:*
a) + b) *Zum Beispiel:*
Textstelle: „Die Kleidung tritt zurück, die Persönlichkeit hervor.“ (Zeile 52–54)
Beispiel: Zum Beispiel fallen das Gesicht und Charakterzüge wie Offenheit oder Ernsthaftigkeit, die man im Gesicht sehen kann, stärker auf, wenn die Kleidung nicht von ihnen ablenkt.
Textstelle: „(...) dass die einheitliche Kleidung vor allem die modische Kluft zwischen wohlhabenden und ärmeren Kindern schließen kann.“ (Zeile 54–57)
Beispiel: So wird zum Beispiel der Unterschied zwischen Markenpullovern und billigen Strickjacken aus dem Supermarkt nicht mehr sichtbar sein.
Textstelle: „Zudem brauche niemand mehr für einen Kaschmirpulli zu jobben.“ (Zeile 57–59)
Beispiel: In der Textstelle ist bereits ein Beispiel genannt („Kaschmirpulli“).
Textstelle: „(...) sprachen einige von einem verbesserten Gemeinschaftsgefühl.“ (Zeile 67–68)
Beispiel: So entfallen beispielsweise Neid und Rivalitäten um das schickste und teuerste Outfit, die sonst die Klassengemeinschaft spalten.

Aufgabe 9 B *gegen die Kleiderrichtlinie:*
a) – c) *Zum Beispiel:*
Textstelle: „Das ‚praktische und konsensfähige Outfit‘“ (Zeile 25–26)
Begründung dagegen: Nicht jeder findet die gleiche Kleidung praktisch.
Beispiel: Für dickere Menschen können z. B. Jeans unbequem sein.
Textstelle: „Die Kleidung tritt zurück, die Persönlichkeit hervor.“ (Zeile 52–54)
Begründung dagegen: Die Persönlichkeit zeigt sich gerade auch in der Kleidung.
Beispiel: So kann eine sehr ernste Person durch einfache und klare Farben und einen strengen Schnitt ihren Charakter ausdrücken.
Textstelle: „(...) dass die einheitliche Kleidung vor allem die modische Kluft zwischen wohlhabenden und ärmeren Kindern schließen kann.“ (Zeile 54–57)
Begründung dagegen und Beispiel: Die Unterschiede zwischen wohlhabenden und ärmeren Kindern werden sich in anderen Dingen zeigen: in einer teuren Uniformhose oder -jacke, teuren Schuhen oder in einer besonders tollen Frisur.

SEITE 31

Aufgabe 10
Aufgabe 12

b) + c) *Zum Beispiel:*
Für die Kleiderrichtlinie: Die Begründung des Textes, dass „die einheitliche Kleidung vor allem die modische Kluft zwischen wohlhabenden und ärmeren Kindern schließen kann" (Zeile 54–57), finde ich wichtig. Ein Beispiel ist, dass der Unterschied zwischen Markenpullovern und billigen Strickjacken aus dem Supermarkt nicht mehr sichtbar sein wird. – *zu Aufgabe 12:* **Nr. 2**
Zum anderen finde ich die Begründung richtig „die Kleidung tritt zurück, die Persönlichkeit hervor." (Zeile 52–54) Zum Beispiel fallen das Gesicht und Charakterzüge wie Offenheit oder Ernsthaftigkeit, die man im Gesicht sehen kann, stärker auf, wenn die Kleidung nicht von ihnen ablenkt. – *zu Aufgabe 12:* **Nr. 4** *(der am wenigsten wichtige dieser Gründe)*
Auch mit der Begründung „zudem brauche niemand mehr für einen Kaschmirpulli zu jobben" (Zeile 57–59) stimme ich überein. – *zu Aufgabe 12:* **Nr. 3**
Einer der wichtigsten Gründe des Textes ist meiner Meinung nach jedoch das „verbesserte Gemeinschaftsgefühl". (Zeile 67–68) Das lässt sich daran erkennen, dass Neid und Rivalitäten um das schickste und teuerste Outfit entfallen werden, die sonst die Klassengemeinschaft spalten. – *zu Aufgabe 12:* **Nr. 1** *(der wichtigste Grund)*

Aufgabe 10
Aufgabe 12

b) + c) *Zum Beispiel:*
Gegen die Kleiderrichtlinie: Zum einen finde ich, dass Uniformen kein „praktisches Outfit" (Zeile 25–26) sind. Denn nicht jeder findet die gleiche Kleidung praktisch. Für dickere Menschen können z. B. Jeans unbequem sein. – *zu Aufgabe 12:* **Nr. 3** *(der am wenigsten wichtige dieser Gründe)*
Mit der Begründung „Die Kleidung tritt zurück, die Persönlichkeit hervor" (Zeile 52–54) stimme ich nicht überein, denn die Persönlichkeit zeigt sich gerade auch in der Kleidung. Das lässt sich daran erkennen, dass eine sehr ernsthafte Person durch einfache und klare Farben und einen strengen Schnitt der Kleidung ihren Charakter ausdrücken kann. – *zu Aufgabe 12:* **Nr. 2**
Weiterhin finde ich die Begründung, „(...) dass die einheitliche Kleidung vor allem die modische Kluft zwischen wohlhabenden und ärmeren Kindern schließen kann" (Zeile 54–57), nicht zutreffend. Vielmehr werden sich die Unterschiede zwischen wohlhabenden und ärmeren Kindern in anderen Dingen zeigen: in einer teuren Uniformhose oder -jacke, teuren Schuhen oder in einer besonders tollen Frisur beispielsweise. – *zu Aufgabe 12:* **Nr. 1** *(der wichtigste Grund)*

Aufgabe 11
Aufgabe 12

Zum Beispiel:
Gegen die Kleiderrichtlinie: Ich bin gegen die Kleiderrichtlinie.
Denn ich persönlich trage gerne jeden Tag etwas anderes zum Anziehen.
Obwohl Menschen in Uniformen unterschiedlich aussehen, finde ich, dass die Wirkung der Uniform sehr stark ist. Beispielsweise sieht man auf die Entfernung zuerst die Uniform.
Für die Kleiderrichtlinie: Ich bin für die Kleiderrichtlinie. Denn obwohl Menschen Uniformen tragen, sieht man folgende Unterschiede: den Charakter der Menschen, ihr Alter, ob sie Mann oder Frau sind, ob sie gepflegt sind oder ob sie hübsch sind, ob sie lustig sind oder traurig. Diese wesentlichen Unterschiede bleiben erhalten. Eine Kleiderrichtlinie wirkt auch dem Neid entgegen, der entsteht, weil nicht alle sich Markenkleidung leisten können.

Aufgabe 13

Stellungnahme zur Kleiderrichtlinie der Realschule in Herkenrath
Zum Beispiel: ***Gegen die Kleiderrichtlinie:*** Ich bin gegen die Kleiderrichtlinie. Zum einen finde ich, dass Uniformen kein „praktisches Outfit" (Zeile 25–26) sind. Denn nicht jeder findet die gleiche Kleidung praktisch. Für dickere Menschen können z. B. Jeans unbequem sein.
Auch mit der Begründung „Die Kleidung tritt zurück, die Persönlichkeit hervor" (Zeile 52–54) stimme ich nicht überein. Ich möchte dagegenhalten, dass die Persönlichkeit sich gerade auch in der Kleidung zeigt. Das lässt sich daran erkennen, dass eine sehr ernsthafte Person durch einfache und klare Farben der Kleidung und einen strengen Schnitt ihren Charakter ausdrücken kann.
Weiterhin finde ich die Begründung, „(...) dass die einheitliche Kleidung vor allem die modische Kluft zwischen wohlhabenden und ärmeren Kindern schließen kann" (Zeile 54–57), nicht zutreffend. Vielmehr werden sich die Unterschiede zwischen wohlhabenden und ärmeren Kindern in anderen Dingen zeigen: in einer teuren Uniformhose oder Frisur z. B.
Ich trage gerne jeden Tag etwas anderes und drücke damit meine Persönlichkeit aus.
Obwohl Menschen in Uniformen unterschiedlich aussehen, finde ich, dass die Wirkung der Uniform sehr stark ist. Beispielsweise sieht man auf die Entfernung zuerst die Uniform. Das Persönliche am Menschen tritt zu stark in den Hintergrund.

*(Wenn du **für die Kleiderrichtlinie** bist, verfährst du genauso wie hier: Du übernimmst deine Begründungen und Beispiele aus den Aufgaben 10–11 und sortierst sie vom Unwichtigsten zum Wichtigsten. Am Anfang formulierst du deine Meinung, deine Begründungen nennst du aber nach den wichtigsten Gründen, also am Ende.)*

Einen Artikel schreiben

Seite 32 **Aufgabe 1** b) Schulsprecher, Artikels, Idee, Verlauf

Seite 32–33 **Aufgabe 2** Als Schulsprecher möchte ich euch über den Verlauf des Projekts berichten.
Die Kleiderrichtlinie an unserer Schule haben wir Schüler beschlossen. Dann haben auch die Lehrer mitgemacht.
Ihr könnt euch eine zweite Uniform günstig nachkaufen.

Seite 33 **Aufgabe 3** *Diese Wortgruppen könntest du im Text „No Logo" markiert haben:*
Zur Idee: im neuen Schuljahr, eine Kleiderrichtlinie, keine Marken, Gemeinschaftslook, Jeans, weißes Hemd, schwarze Strickjacke, schwarzen Sportanorak, zweiten Satz, günstig nachkaufen, tritt, Persönlichkeit hervor, modische Kluft zwischen wohlhabenden und ärmeren Kindern schließen, niemand, für, Kaschmirpulli zu jobben, verbesserten Gemeinschaftsgefühl
Zum Verlauf: der Schülerrat beschlossen, Einheitsidee, von den Schülern, probeweise nur die Klasse 9 b, auch die Lehrer, später aber waren alle froh, verbesserten Gemeinschaftsgefühl, drei Schüler weigerten sich, die fünften Klassen dürfen erst mal rumlaufen, wie sie wollen

Aufgabe 4 b) *Streichen*: Models wurden engagiert, britisches Vorbild
c) *Ergänzen*: schwarzen Sportanorak für den Winter

Seite 34 **Aufgabe 5** b)–d) *Zur Idee des Projekts gehören die Punkte (abgekürzt)*: 1. Beschluss des Schülerrates, 2. neuer Gemeinschaftslook, 3. einheitliche Kleidung, 4. verbessertes Gemeinschaftsgefühl, 5. Persönlichkeit, 6. kein Jobben, 7. morgendliche Frage
Zum Verlauf des Projekts gehören die Punkte (abgekürzt): 8. modische Idee, 9. Outfit wurde (...) vorgestellt, 10. Probelauf, 11. Haltung der Lehrer, 12. sich der Kleiderrichtlinie verweigern, 13. zustimmende Haltung, 14. öffentliche Schule (evtl. auch 2)

Seite 35 **Aufgabe 6** b) *Zum Beispiel:* Unsere neue Kleiderrichtlinie

Aufgabe 7 *Zum Beispiel:* Wer von euch hat nicht schon gedacht: „Schick-Sein ist nicht alles?"
Sicher habt ihr schon gehört, dass man nicht nur durch Kleidung auffallen sollte?
Wollt ihr Taschengeld sparen?
Seid ihr etwa reich wie die Könige?

Aufgabe 8 **Artikel für die Informationswand der Schule**
Zum Beispiel: **Unsere neue Kleiderrichtlinie**
Wer von euch hat nicht schon gedacht: „Schick-Sein" ist nicht alles? Das haben auch wir uns gesagt und beschlossen, eine Kleiderrichtlinie einzuführen, eine Art Schuluniform.
Als Schulsprecher möchte ich euch über die Idee und den Verlauf des Projekts berichten.
Der Schülerrat hat für das neue Schuljahr beschlossen: Keine Markenkleidung mehr an unserer Schule! Der Schulrat, das sind wir, das ist die Versammlung der Schülerinnen und Schüler unserer Schule.
Der neue Gemeinschaftslook wird von jetzt an sein: Jeans, weißes Hemd und eine schwarze Strickjacke, im Winter ein schwarzer Sportanorak. Die Kleiderrichtlinie hat viele Vorteile: Die Unterschiede zwischen wohlhabenden und ärmeren Kindern werden nicht mehr so stark sein, das Gemeinschaftsgefühl in der Klasse und an unserer Schule wird verbessert und die Persönlichkeit eines jeden Schülers und einer jeden Schülerin wird viel deutlicher, wenn man nicht mehr auf die Kleidung achten muss. Außerdem müsst ihr nicht für teure Kleider jobben und morgens nicht mehr lange überlegen, was ihr anziehen sollt.
Unsere Kleiderrichtlinie wurde zuerst auf einer Modenschau vorgestellt und dann probeweise von der Klasse 9 b getragen. Es folgten immer mehr Schüler und die Lehrer machten schließlich auch mit. Unsere Direktorin findet die Kleiderrichtlinie sehr gut. So sind wir eine öffentliche Schule, die sich dem Modezwang entzieht!

Seite 36–37

Übungsaufgabe zum Artikel „Britische Schulschwänzer“ von Jochen Leffers

1. Inhaltsangabe

Zum Beispiel: In dem Bericht „Britische Schulschwänzer“ von Jochen Leffers aus dem SPIEGEL-ONLINE vom 28.02.2003 informiert der Autor sachlich über ein neues Schnellgerichtsverfahren gegen Eltern von Schulschwänzern in der britischen Grafschaft Essex. Die Eltern müssen dort mit einer hohen Geldstrafe rechnen oder mit bis zu drei Monaten Haft. Immer mehr Schüler bleiben dem Unterricht fern, oft auch mit dem Einverständnis der Eltern. Einige Eltern fahren sogar mit ihren Kindern während der Schulzeit in den Urlaub, weil Reisen in diesem Zeitraum meist billiger sind. Dem Bericht zufolge hat das negative Folgen für die Kinder: Nur ein Drittel der Schulschwänzer schafft den Schulabschluss. Die Labour-Regierung hat nun beschlossen, dass auch Schuldirektoren den Eltern Strafen auferlegen dürfen. Die Schulen versuchen jedoch mit den Eltern zusammenzuarbeiten, indem sie z.B. einen Lernplan für den Urlaub der Kinder aufstellen. Auch in Deutschland gehen die Behörden inzwischen immer härter gegen Schulverweigerer und deren Eltern vor.

2. Äußere Gestalt und Sprache des Textes

Im Folgenden sind die wichtigsten Stichwörter zur Lösung der Aufgabe angegeben. In der Prüfung formulierst du in ganzen Sätzen.

<u>Optische Gestaltungsmerkmale und ihre Aufgaben</u>

Umfang: eineinhalb Druckseiten; 90 Zeilen

Anzahl der Spalten: 2; kürzere Zeilen sind leichter lesbar; **neun deutlich erkennbare Absätze:** Text wird aufgelockert und in inhaltliche Schwerpunkte gegliedert; Informationsentnahme wird erleichtert;

zwei Überschriften (Dachzeile, Unterzeile); **zwei Zwischentitel:** die Überschriften machen neugierig auf den Artikel; Zwischentitel gliedern den Text; ein neuer Aspekt wird jeweils eingeleitet. **Keine Ortsmarke.**

Abbildungen: ein Foto und eine Grafik (Balkendiagramm): Textaussagen werden veranschaulicht und mit Zahlen belegt.

<u>Grafische Gestaltungsmerkmale und ihre Aufgaben</u>

Dachzeile: alles in Großbuchstaben, fett gedruckt, andere Schriftart; hebt sich durch die andere Schriftart ab; nennt das Thema des Textes

Unterzeile: fett gedruckt; weckt Neugier auf den Artikel, allein nicht verständlich

Vierzeiliger Vorspann: gibt die Grundaussage knapp wieder, präzisiert die Überschrift; hebt sich durch Kursivdruck ab

Anfangsbuchstabe des Lauftextes: überdeutlich großes „G“; fett gedruckt; Anfangsbuchstabe macht den Textbeginn sofort erkennbar

Art der Überschriften: Dachzeile, Unterzeile, Zwischentitel – fett gedruckt

Bildunterschriften: kursiv; kleinere Schrift; beziehen sich nicht direkt auf Bild/Grafik, sondern nennen Schlagworte zum Text

Satz: Blocksatz im Lauftext; Zeilennummern erleichtern die Arbeit mit dem Text; Blocksatz wirkt übersichtlich; Zwischentitel schaffen Übersichtlichkeit; neue Aspekte werden eingeleitet

Wortarten: hoher Anteil von Nomen und Adjektiven: Text leicht zu lesen und anschaulich; durch die Adjektive wirkt der Text lebendiger.

Sprachstil und Wortwahl: überwiegend Hochsprache: Der Artikel wirkt dadurch sachlich.

Der Autor verwendet auch Umgangssprache, z.B. „Ab in den Knast“ (Vorspann).

Fremdwörter und Fachsprache: wenige allgemein bekannte Fremdwörter, z.B. „akzeptable“ (Zeile 47), „Flexibilität“ (Zeile 66); keine Fachsprache

Satzarten, Satzbau und Satzlänge: vor allem Aussagesätze; einfacher Satzbau, z.B. „Das neue Schnellgerichtsverfahren (...) erprobt.“ (Zeile 32–33)

Viele Fragesätze: „Wird es in Essex bald nur noch (...)?“ (Zeile 11–13), Sollen sie dann allein (...)? (Zeile 13–15)

Wertungen: Text ist sachlich gehalten, Autor gibt keine Wertung ab

Zitate, direkte und indirekte Rede: häufig wörtliche Rede, z.B.: „Ich denke nicht, dass die Schule eine sichere Umgebung ist (...)“ (Zeile 41–42); indirekte Rede: „Außerdem habe sie (...)“ (Zeile 38–41)

Zeitform: Präsens, z.B. „Das neue Schnellgerichtsverfahren wird derzeit in neun Schulbezirken Englands erprobt.“ (Zeile 32–33)

Stilmittel: rhetorische Fragen, z.B. „Wird es in Essex (...) einsitzen?“ (Zeile 11–13); „Sollen sie dann (...) selbst schmieren?“ (Zeile 13–15); kann auch als Ironie verstanden werden; Übertreibung (Hyperbel)

3. Absicht des Autors und Wirkung des Textes

Zum Beispiel: Die Zielgruppe des Artikels „Britische Schulschwänzer“ sind Eltern und Schüler. Die Überschrift ist ohne den Text nicht ganz verständlich, besonders die Unterzeile. Diese ist umgangssprachlich formuliert und wirkt flott und provokativ. Sie macht neugierig. Der Autor berichtet sachlich über die Maßnahmen der Labour-Regierung. Er nennt keine direkten Gegenargumente, macht aber durch Ironie und rhetorische Fragen, die provokant wirken, auf Probleme aufmerksam, z.B. „Wird es in Essex (...) ihre Pausenbrote selbst schmieren?“ (Zeile 11–15). Sie wirken aber übertrieben. Er nennt im Artikel einerseits Argumente, die für die Bestrafung der Eltern sprechen, stellt aber auch die Position der Eltern dar. Der Leser soll sich ein eigenes Urteil bilden. Auf diese Weise problematisiert er das Thema, regt zum Nachdenken an und trägt so zur Meinungsbildung bei. Der Bericht ist sehr aktuell und auch beunruhigend, da er am Ende über das Vorgehen gegen Eltern von Schulschwänzern in Deutschland berichtet.

4 a). Stellungnahme zu den Maßnahmen der Labour-Regierung

Zum Beispiel: Meiner Meinung nach sind die Maßnahmen, mit denen die Labour-Regierung gegen die steigende Zahl der Schulschwänzer vorgeht, unangemessen. Zwar finde ich es prinzipiell richtig, dass Eltern, die das Schuleschwänzen ihrer Kinder zulassen oder fördern, dafür bestraft werden. Hohe Geld- oder Gefängnisstrafen können das Problem jedoch nicht lösen. Denn Eltern, die das Fernbleiben ihrer Kinder vom Unterricht unterstützen, um mit ihnen in den Urlaub zu fahren, weil sie sich eine Reise in der Ferienzeit nicht leisten können, wie es der Artikel belegt, haben doch offenbar nicht sehr viel Geld. Verhängt man gegen sie Geld- oder Haftstrafen, hat das nur negative Auswirkungen auf ihre Kinder. Wenn die Bußgelder nicht bezahlt werden können und die Eltern daher in Haft müssen, stellt sich die Frage, wer sich in dieser Zeit um die Kinder kümmern soll. Anstatt mit Strafen zu drohen, müssen Eltern von Schulschwänzern davon überzeugt werden, dass ein regelmäßiger Schulbesuch für ihr Kind wichtig ist.

4 b). Vorschläge, wie das Problem „Schuleschwänzen" in Deutschland gelöst werden kann

Zum Beispiel: Eltern, die aus Kostengründen mit ihren Kindern während der Schulzeit in den Urlaub fahren, sind mittlerweile auch in Deutschland anzutreffen. Um dieses Problem zu lösen, müssen den Eltern die negativen Folgen, die das Schuleschwänzen für ihr Kind hat, bewusst gemacht werden. Viele der Kinder werden Schwierigkeiten haben, den versäumten Unterrichtsstoff nachzuholen. Und sollten diese Kinder den Abschluss nicht schaffen oder Nachhilfelehrer benötigen, hat sich der billige Urlaub nicht gelohnt, es wird dann erst recht teuer für die Eltern.
Wenn es sich nicht vermeiden lässt, der Schule aus persönlichen Gründen fernzubleiben, sollte dies in Absprache mit den Lehrern geschehen. So kann besprochen werden, welcher Stoff in der Abwesenheit des Schülers behandelt wird, sodass dieser in den Ferien weiterarbeiten kann, wie das Beispiel im Bericht zeigt. Eine gute Lösung ist das aber nicht; wen fragen diese Schüler, wenn sie etwas nicht verstehen?

SEITE 6–7 ZUM TEXT „INS LID GERAMMT" VON JAN SCHWEITZER

3. Absicht des Autors und Wirkung des Textes

Zum Beispiel: Die Zielgruppe des Textes „Ins Lid gerammt" sind vor allem Jugendliche. Denn das Thema „Körperschmuck" ist besonders für Teenager interessant und aktuell, weil es sich dabei um einen aktuellen Modetrend handelt. Auch die Erwähnung des Popstars Britney Spears zeigt, dass sich der Bericht an ein jugendliches Publikum richtet.
Der Artikel ist informierend und sachlich, es werden viele Zahlen genannt und Einzelfälle vorgestellt. Gleichzeitig will der Autor vor den Gefahren, die von Piercings ausgehen, warnen und dadurch zum Umdenken anregen. Er berichtet ausschließlich über die negativen Folgen von Körperschmuck. Der Bericht wirkt dadurch einseitig und übertrieben, da der Autor durch verschiedene Beispiele den Eindruck vermittelt, dass das Piercen zwangsläufig gesundheitsschädlich ist. Das formuliert schon die Überschrift „Ins Lid gerammt", die sehr brutal klingt.

4 a). Warnbrief für die Schülerzeitung

Zum Beispiel:
Liebe Mitschüler,
viele von euch tragen Piercings an Augenbraue, Nase oder Lippe oder spielen mit dem Gedanken, sich diesen Körperschmuck zuzulegen. Dabei ist aber zu bedenken, dass das Piercen schlimme Folgen haben kann. Durch unsaubere Nadeln kann man sich mit gefährlichen Krankheiten wie dem Hepatitis- oder dem HI-Virus infizieren. Schlechte Hygienebedingungen beim Stechen führen zu Entzündungen, die, wenn die Erreger in die Blutbahn gelangen, sogar die inneren Organe befallen können. Piercingringe sind mitunter aus ungeeigneten Materialien und lösen deswegen häufig Allergien aus. Des Weiteren besteht eine große Verletzungsgefahr, z. B. dadurch, dass man an einem Piercing hängen bleibt und es herausreißt. Obwohl immer mehr Ärzte vor den negativen Auswirkungen des Piercings warnen, folgen immer noch viele diesem Trend. Bevor man sich aber in die Hände eines Piercers begibt, sollte man gut überlegen, ob dieser Modetrend, der vielleicht morgen schon wieder verschwunden ist, es wert ist, sich so hohen Risiken auszusetzen. Wenn ihr euch aber trotz allem für ein Piercing oder eine Tätowierung entscheiden solltet, so achtet zumindest darauf, euch ein gutes Studio auszusuchen, das sich durch Hygiene und fachkundiges Personal auszeichnet.

4 b). Stellungnahme zum Thema: Sollten nur Ärzte piercen dürfen?

Zum Beispiel: Meiner Meinung nach sollten nur Ärzte die Erlaubnis zum Piercen erhalten. Denn unsachgemäß ausgeführte Piercings können schwere gesundheitliche Folgen nach sich ziehen. Rechtlich gesehen darf in Deutschland jeder ein Piercinggeschäft eröffnen, ohne eine Ausbildung oder Schulung gemacht zu haben. Wenn Piercings nur noch von Ärzten durchgeführt werden würden, könnte man die Risiken deutlich verringern. In einer Arztpraxis herrschen die hygienischen Bedingungen, an denen es vielen Piercingstudios mangelt. Durch Nachkontrollen kann ein Arzt im Falle einer Entzündung sofort eingreifen und den Ring oder Stecker gegebenenfalls wieder entfernen. Er kann auch früh Risiken erkennen, z. B. erkennt er beginnende Erkrankungen an gewissen Symptomen. Da auch Krankheiten wie Aids durch Piercen übertragen werden konnen, sollte meiner Meinung nach nur von Ärzten gepierct werden.

SEITE 20–21

ZUM TEXT „NO LOGO" VON JOHANNES GERNERT

1. Inhaltsangabe

Zum Beispiel: Der Artikel „No Logo" von Johannes Gernert aus der „Berliner Zeitung" vom 13./14.09.2003 berichtet über die Einführung einer Kleiderrichtlinie an der Herkenrather Realschule. Die Entscheidung über die Kleidervorschrift wurde vom Schülerrat der Realschule gefällt. Ein Modeausschuss einigte sich auf Jeans, weißes Hemd, schwarze Strickjacke und eine schwarze Sportjacke als Schulkleidung. Zunächst nur von einer neunten Klasse probegetragen, entschieden sich dann ein Drittel der Schüler und die meisten der Lehrer freiwillig für diese Kleidung. Es folgten schließlich fast alle anderen an der Schule. Die Kleidung ist preisgünstig und die Schülerinnen und Schüler sind keinem Modediktat mehr unterworfen. Zudem wird der modische Unterschied zwischen wohlhabenderen und ärmeren Kindern beseitigt. Laut Meinung der Schuldirektorin trete durch die einheitliche und einfache Kleidung die Persönlichkeit in den Vordergrund. Die Schülerinnen und Schüler selbst sprechen seit Einführung der Kleiderrichtlinie von einem verbesserten Gemeinschaftsgefühl.

2. Äußere Gestalt und Sprache des Textes

Im Folgenden sind die wichtigsten Stichwörter zur Lösung der Aufgabe angegeben. In der Prüfung formulierst du in ganzen Sätzen.

Optische Gestaltungsmerkmale und ihre Aufgaben

Umfang: eine Druckseite, 77 Zeilen
Anzahl der Spalten: zwei; kürzere Zeilen leicht lesbar
fünf deutlich erkennbare Absätze: Text wird dadurch aufgelockert und in inhaltliche Schwerpunkte gegliedert; Informationsentnahme wird erleichtert
Abbildungen: ein Foto der Schüler in Uniform, zeigt einige der Beteiligten und belegt das Berichtete
eine Überschrift, ein Zwischentitel: die Überschrift macht neugierig auf den Artikel; durch den Zwischentitel wird Text gegliedert, neuer Aspekt wird eingeleitet
Ortsmarke: nennt den Aufenthaltsort des Autors und das Erscheinungsdatum des Artikels

Grafische Gestaltungsmerkmale und ihre Aufgaben

Dachzeile: „No LOGO" – komplett in Großbuchstaben; fett gedruckt; andere Schriftart: Dachzeile hebt sich durch die andere Schriftart ab; nennt das Thema des Textes
Zweizeiliger Vorspann in kursiver Schrift: gibt die Grundaussage knapp wieder; präzisiert die Überschrift und hebt sich durch Kursivdruck ab
Anfangsbuchstabe des Lauftextes: überdeutlich großes „B"; fett gedruckt; Anfangsbuchstabe macht den Textbeginn sofort erkennbar
Art der Überschriften: Dachzeile; Zwischentitel – beide fett gedruckt
Bildunterschrift: kursiv; fällt dadurch leichter ins Auge; erläutert, was auf dem Foto zu sehen ist
Satz: Blocksatz im Lauftext wirkt übersichtlich; Zeilennummern erleichtern die Arbeit mit dem Text
Text wird durch Zwischentitel in zwei Hälften geteilt: schafft Übersichtlichkeit; neuer Aspekt wird eingeleitet
Wortarten: hoher Anteil von Nomen (auch viele zusammengesetzte Nomen) und Adjektiven: Text ist dadurch leicht zu lesen und anschaulich; durch die Adjektive ist der Text beschreibend.
Sprachstil und Wortwahl: vorwiegend Hochsprache, z. B. „Während des Probelaufs in der neunten Klasse sprachen einige von (...)" (Zeile 65–66)
Fachsprache: z. B. „Kleiderrichtlinie" (Zeile 9), „Basisdemokratisch" (Zeile 12), „Modeausschuss" (Zeile 21) „Labelzwang" (Zeile 49)
Umgangssprache: „jobben" (Zeile 58), „zogen auch die Lehrer nach" (Zeile 31), „benimmfreudigen" (Zeile 63), „rumlaufen" (Zeile 75)
Jugendsprache: z. B. „Gemeinschaftslook" (Zeile 20), „Top-Marke" (Zeile 45), „Labelzwang" (Zeile 49), „Baggypants" (Zeile 61)
Fremdwörter und Fachsprache: viele Fremdwörter, z. B. „konsensfähige" (Zeile 25), „Individualität" (Zeile 51), stammen besonders aus dem Modebereich.
Viele Wörter aus dem Englischen, z. B. „top down" (Zeile 14–15), „bottom up" (Zeile 15), „Gemeinschaftslook" (Zeile 20), „Baggypants" (Zeile 61), einige Wörter aus dem politischen Bereich.
Satzarten, Satzbau und Satzlänge: vor allem Aussagesätze; Sätze sind meist kurz, z. B. „Das Wort Schuluniform (...)" (Zeile 1–3); „Und für den Winter einen schwarzen Sportanorak." (Zeile 23–24); manche Sätze bestehen aus nur einem Wort, z. B. „Freiwillig." (Zeile 30); Sätze beginnen häufig mit Konjunktionen: „Und ein Verbot:" (Zeile 10), „Denn nur so (...)" (Zeile 12–13)
Formen der Rede: häufige Verwendung von wörtlicher Rede, z. B. „Das klingt so sehr nach (...)" (Zeile 3–4)
Wertungen: Der Text ist sachlich gehalten, der Autor äußert keine eigene Meinung.
Zitate, direkte und indirekte Rede: Im Text kommt häufig direkte Rede vor, die vom Autor als Zitat gekennzeichnet wird, z. B. „praktische und konsensfähige Outfit" (Zeile 25), „Wir wollen eine öffentliche Schule sein, die sich (...)" (Zeile 47–49); indirekte Rede, z. B. „Zudem brauche niemand (...)" (Zeile 56–58)
Zeitform: Die am häufigsten verwendeten Zeitformen sind Präsens, z. B. „Das Wort (...) gefällt (...)" (Zeile 1–2) und Imperfekt, z. B. „(...) tagte und klärte (...)" (Zeile 21–22)
Stilmittel: Ellipsen: „Basisdemokratisch." (Zeile 12), „Freiwillig." (Zeile 30), „Für fast alle." (Zeile 74)

Zu Prosatexten schreiben

Inhaltsangabe

Seite 39

Aufgabe 1 Ich fasse den Inhalt einer Kurzgeschichte zusammen, indem ich in eigenen Worten die wesentlichen Handlungsschritte wiedergebe. Ich nenne die Textart und begründe meine Aussage. Dabei verwende ich das Präsens und schreibe sachlich und knapp. Figurenrede gebe ich als indirekte Rede wieder.

Seite 40

Aufgabe 3 *Zum Beispiel:* Junge Frau, verliebt in jungen Mann – freut sich, ihn zu sehen – sie wird enttäuscht: Der Mann hat eine andere Frau wiedergetroffen – Angst und Trauer

Aufgabe 4 Eine junge Frau, ein junger Mann, Passanten, Autofahrer, Vera

Aufgabe 5 Stadt: Haltestelle, Bahn, Straße, vor dem Haus, Straße, Straßenbahnhaltestelle

Seite 41

Aufgabe 6 b) Zeile 9–10: Die junge Frau steigt aus. Zeile 11–16: Sie läuft durch die Stadt. Zeile 17–18: Die junge Frau kauft Zigaretten. Zeile 19–20: Sie verursacht fast einen Verkehrsunfall. Zeile 21–22: Die junge Frau macht sich zurecht. Zeile 23–27: Sie läuft fröhlich und aufgeregt zugleich zur Wohnung des jungen Mannes. Zeile 28–30: Sie liest den Inhalt des Zettels. Zeile 30–34: Sie ist enttäuscht und traurig. Zeile 34–37: Sie geht traurig zur Straßenbahnhaltestelle zurück. Zeile 38–39: Die junge Frau wartet enttäuscht auf die Bahn.

Seite 42

Aufgabe 7 *Zum Beispiel:* Die junge Frau ist verliebt. Sie freut sich auf ihren Besuch bei dem jungen Mann, in den sie verliebt ist. Sie nimmt deswegen einige Strapazen gelassen hin: Das Wetter ist schlecht, die Menschen sind übel gelaunt und sie wird von Männern belästigt. Dennoch bleibt sie gut gelaunt. Als sie an seiner Wohnung ankommt, findet sie einen Zettel, auf dem steht, dass ihr Freund eine andere Frau wiedergetroffen hat. Nachdem sie den Inhalt der Nachricht gelesen hat, ist sie enttäuscht und traurig.

Aufgabe 8 *Zum Beispiel:* Der junge Mann hat der jungen Frau gesagt, dass er sich schon am ersten Tag in sie verliebt hat. Er hat inzwischen eine andere Frau wiedergetroffen. Anstatt mit der jungen Frau darüber zu sprechen, lässt er sie vor der Wohnungstür stehen. Er hinterlässt nur einen Zettel, auf dem er schreibt, dass sie es sich gutgehen lassen soll.

Aufgabe 10 *Zum Beispiel:*

Situation	Reaktion der jungen Frau
Regen	Sie fühlt sich gut.
Fahrt mit der Straßenbahn	Sie fühlt sich sicher, ihr kann nichts passieren.
Die Leute schimpfen.	Sie lacht.
Aussteigen: Die Menschen drängeln.	Sie ist glücklich.
Der Autofahrer brüllt.	Sie lacht und beruhigt ihn.
Sie läuft durch die Straßen.	Sie ist aufgeregt, ängstlich und fröhlich zugleich.
Sie sieht den Zettel an der Wand.	Sie ist enttäuscht.
Rückweg zur Haltestelle	Sie fühlt sich alt; der Weg kommt ihr endlos lang vor.
Warten auf die Bahn	Sie ist verschüchtert und ängstlich.

Seite 43

Aufgabe 11 Beginn der Geschichte: junge Frau; Haltestelle; Warten auf die Bahn

Aufgabe 12 Ende der Geschichte: junge Frau; Haltestelle; Warten auf die Bahn

Aufgabe 13 *Zum Beispiel:* Die junge Frau liest eine Nachricht von ihrem neuen Freund an der Wohnungstür. Er schreibt, dass er eine andere Frau wiedergetroffen hat. Auf diese Weise verabschiedet er sich von ihr.

Aufgabe 14 „Erst dann bemerke ich den kleinen zusammengefalteten Zettel an der Wand." (Zeile 28)

SEITE 44 — ***Aufgabe 15***

b) Konzentration auf einen Ort: ja, Haltestelle, Weg zum Haus
Konzentration auf einen Zeitpunkt: ja, ein Nachmittag
unvermittelter Beginn: ja, „Mir ist alles so egal (...)."
offenes Ende: ja, man weiß nicht, wie es weitergeht
wenige Personen: ja, junge Frau und sonst nur Passanten
inneres Geschehen: ja, Gefühle und Gedanken der jungen Frau
alltägliche Thematik: ja, enttäuschte Liebe in Alltagssituation dargestellt
Mehrdeutigkeit: ja, man muss erschließen, was vorgegangen ist, man weiß nichts über den jungen Mann
Leitmotiv: nein
c) Bei dem Text „Sommerschnee" von Tanja Zimmermann handelt es sich um eine Kurzgeschichte.

SEITE 45 — ***Aufgabe 16***

Zum Beispiel:
d) In der Kurzgeschichte „Sommerschnee" von Tanja Zimmermann geht es um eine junge Frau, die in einen jungen Mann verliebt ist. Auf dem Weg zu ihm nimmt sie einige Beschwerlichkeiten auf sich. Sie fährt mit zu vielen Menschen in der Straßenbahn, läuft dann durch die Stadt und wird vom Regen ganz nass. Als sie an der Wohnung des jungen Mannes ankommt, findet sie einen Zettel an der Wand, auf dem steht, dass er eine andere Frau wiedergetroffen hat. Traurig macht sich die junge Frau wieder auf den Heimweg.

Aufgabe 17

Inhaltsangabe
Zum Beispiel: Die Kurzgeschichte „Sommerschnee" von Tanja Zimmermann handelt von einer jungen Frau, die sich in einen jungen Mann verliebt hat. Die Geschichte beginnt unvermittelt an einer Haltestelle. Auf dem Weg zu ihrem Freund nimmt die junge Frau einige Anstrengungen auf sich. Doch weder der Regen noch die Straßenbahnfahrt, bei der sie zwischen vielen Menschen eingeengt ist, machen ihr etwas aus. Selbst einen gerade noch verhinderten Autounfall tut sie lachend ab. Als sie an der Wohnung ankommt, ist sie glücklich, nachdem sich vorher Vorfreude, Angst und Nervosität abgewechselt haben. Die Handlung nimmt eine andere Wendung, als sie von einem Zettel an der Wand erfährt, dass der junge Mann eine andere Frau wiedergetroffen hat. Enttäuscht und traurig macht sie sich wieder auf den Rückweg zur Straßenbahnhaltestelle. Das Ende bleibt offen.

ÄUSSERE GESTALT UND SPRACHE DES TEXTES

SEITE 46 — ***Aufgabe 1***

Ich beschreibe die äußere Gestalt und die Sprache des Textes. Meine Aussagen zu Elementen wie Satzbau, Wortwahl des Autors, Erzählperspektive belege ich mit Beispielen aus dem Text.

SEITE 47 — ***Aufgabe 2***

Der Text besteht aus 39 Zeilen auf etwas mehr als einer Druckseite. Er ist in zehn Absätze gegliedert.

Aufgabe 3

Zum Beispiel: Der Text lässt sich in zwei große Abschnitte unterteilen. Im ersten Abschnitt (bis Zeile 27) ist die junge Frau unterwegs zu ihrem Freund und freut sich, ihn zu sehen. Im zweiten Teil ist sie bei ihm angekommen und ist enttäuscht und traurig.

Aufgabe 4

b) Perfekt und Plusquamperfekt: „(...) du hast dich schon am ersten Tag in mich verliebt, und da hatte ich auch nasse Haare." (Zeile 15–16); Präsens: „Mir ist alles so egal, ich fühle mich gut." (Zeile 1); „Die Leute fluchen, beschimpfen den Fahrer." (Zeile 7–8)

SEITE 48 — ***Aufgabe 5***

b) Mir ist alles so egal, ich fühle mich gut.
Ein wütender Autofahrer brüllt, ob ich Tomaten auf den Augen hätte.
Die brennende Zigarette hinterlässt Wunden auf meiner Hand.

Aufgabe 6

Ich-Erzählerin: Die Ereignisse werden aus der Perspektive der jungen Frau in der Ich-Form geschildert. Man erfährt, was die junge Frau denkt und fühlt: „(...) ich fühle mich gut." (Zeile 1); „Wie eine alte Frau gehe ich (...)." (Zeile 34)

SEITE 49 — ***Aufgabe 7***

b) Am häufigsten wird das Präsens verwendet: „Ich laufe schnell (...)" (Zeile 17); „Verschüchtert stehe ich (...)" (Zeile 38)

SEITE 49 **Aufgabe 8**

Direkte Rede: Neben mir hält ein Mercedes: „Engelchen, ich fahre dich nach Hause.“
Innerer Monolog: (...) will dir ja gefallen. Ich will dir ja sogar sehr gefallen!

SEITE 50 **Aufgabe 9**

b) Die Autorin verwendet fast immer Hochsprache, z. B. „Erst dann bemerke ich den kleinen zusammengefalteten Zettel an der Wand.“ (Zeile 28). Hin und wieder kommt auch Umgangssprache vor: „ (...) ob ich Tomaten auf den Augen hätte.“ (Zeile 19–20); „Ich hab keine Angst (...)“ (Zeile 4); „(...) dann klingel ich (...).“ (Zeile 26).

Aufgabe 10

- vollständiger Satz
- Satzreihe
- Satzgefüge
- unvollständiger Satz

Aufgabe 11

b) Am häufigsten kommen Satzgefüge und Satzreihen vor. Die Autorin verwendet manchmal auch unvollständige Sätze.

SEITE 51 **Aufgabe 12**

Der Höhepunkt der Geschichte ist erreicht, als die junge Frau an der Wohnungstür ihres Freundes steht: „Und meine Freude, dich zu sehen, ist endgültig Sieger über meine Angst.“ (Zeile 27)

Aufgabe 13

Der Wendepunkt der Geschichte ist erreicht, als die junge Frau den „Abschiedszettel“ findet: „Erst dann bemerke ich den kleinen zusammengefalteten Zettel an der Wand. Ja, es tut dir leid, wirklich leid, dass du Vera wieder getroffen hast! (...)“ (Zeile 28–29)

Aufgabe 14

Zum Beispiel: b) „Sommer“: heiß, positive Empfindungen: Sonne, Blumen, hell
„Schnee“: kalt, Winter, negative Empfindungen: Nebel, grau, dunkel

Aufgabe 15

Zum Beispiel: Die Metapher „Sommerschnee“ in der Überschrift drückt einen Gegensatz aus. Im Sommer gibt es für gewöhnlich keinen Schnee. Während der Sommer meist positiv empfunden wird wegen der Wärme und der grünen Natur, wird der Winter negativ bewertet. Im Winter ist es kalt, dunkel und grau. Dieser Gegensatz könnte für die gegensätzlichen Gefühle der jungen Frau stehen, die am Anfang der Geschichte glücklich ist, am Ende aber enttäuscht und traurig.

SEITE 52 **Aufgabe 16**

b) Vater Staat und Mutter Natur: Personifikation; Er erwachte wie aus einem Traum: Vergleich; Make love not war!: Gegensatz; schlau wie ein Fuchs: Vergleich

Aufgabe 17

b) Gegensatz: „Mir ist alles so egal, ich fühle mich gut.“ (Zeile 1)
Gegensatz: „Die Leute fluchen (...). Ich lache.“ (Zeile 7–8)
Vergleich: „Wie eine alte Frau (...).“ (Zeile 34)
Gegensatz: „Beim Aussteigen drängt jeder den anderen, ich lasse mich treiben (...)“ (Zeile 9–10)
Personifikation: „(...) stehe ich eingequetscht zwischen nassstinkenden Persianermänteln und grauen Anzugmännern.“ (Zeile 5–6)
Gegensatz: „Ein wütender Autofahrer brüllt (...). Ich lache (...).“ (Zeile 19–20)
Gegensatz: „Und meine Freude (...) über meine Angst.“ (Zeile 27)
Gegensatz: „Ich soll es mir gutgehen lassen. (...) Die brennende Zigarette hinterlässt Wunden auf meiner Hand.“ (Zeile 29–31)

SEITE 53 **Aufgabe 18**

Am häufigsten findet man im Text „Sommerschnee“ das Stilmittel Gegensatz. Es wird auch schon in der Überschrift verwendet.

Aufgabe 19

b) „Ich soll es mir gutgehen lassen. Richtig gutgehen lassen soll ich es mir.“ (Zeile 29–30)
„Ja, es tut dir leid, wirklich leid (...)!“ (Zeile 28–29)

Aufgabe 20

Äußere Gestalt und Sprache des Textes
Die Lösung der Aufgabe ergibt sich, wenn du die Ergebnisse der Aufgaben 2–19 von S. 47–53 in ganzen Sätzen zusammenfasst.

Absicht des Autors / der Autorin und Wirkung des Textes

Seite 56 **Aufgabe 1** *siehe Seite 21 im Lösungsteil*

Aufgabe 4 *Zum Beispiel:* Generationenkonflikt; Probleme in einer Mutter-Tochter-Beziehung: Tochter fühlt sich beengt, Mutter einsam; Verständnisschwierigkeiten

Seite 56–57 **Aufgabe 5** **Elsas Probleme**: Elsa ist erwachsen, verdient eigenes Geld – will ihre Privatsphäre haben. Aber: die Mutter ist alt und krank, hängt an ihr, langweilt sich allein.
Probleme von Elsas Mutter: seit dem Tod des Mannes allein, Langeweile, zu große Anhänglichkeit an Tochter, erkennt Wünsche der Tochter nicht
Das Verhalten von Mutter und Tochter zueinander: Elsa und die Mutter sprechen ihre Gefühle nicht offen aus, Elsa umschreibt sie nur: „Aber es ist doch so eng (...)" (Zeile 13). Beide weichen den Problemen aus, sprechen nicht wirklich miteinander.

Seite 57 **Aufgabe 6** *Zum Beispiel:* W. H. Fritz möchte das Zusammenleben von zwei verschiedenen Generationen beleuchten. Er hätte auch andere familiäre Konstellationen wie zum Beispiel Vater-Sohn oder Großmutter-Enkel wählen können.

Aufgabe 7

Person	Gründe dafür	Gründe dagegen
Eltern, Großeltern	befinden sich in der Situation des Nichtverstandenwerdens	–
Erwachsene ohne Kinder	haben bereits verschiedene Konflikte / Erlebnisse mit anderen Generationen gehabt	–
Jugendliche	befinden sich momentan in der Situation des Nichtverstandenwerdens	–

Aufgabe 8 *Zum Beispiel:* Meiner Meinung nach spricht Fritz sowohl die ältere als auch die jüngere Generation an, weil er Probleme des gegenseitigen Nichtverstandenwerdens beleuchtet.

Seite 58 **Aufgabe 9** *Zum Beispiel:* Das Thema besitzt Aktualität. Für junge und ältere Menschen, die zusammenleben, ist dieses Thema täglich erfahrbar. Es handelt sich um einen typischen Generationenkonflikt.

Aufgabe 10 Wörtlich: Blick mit den Augen; im übertragenen Sinne: sehr kurze Zeitspanne

Aufgabe 11 „Sie behielt einige Augenblicke länger als nötig die Klinke in der Hand, wie um die Tür mit Gewalt zuzuhalten." (Zeile 14–15)

Aufgabe 12 *Zum Beispiel:* Der Text beschreibt typische Augenblicke in Elsas Leben: Augenblicke des Gestörtwerdens, der Enge, aber auch des Alleinseins. Es sind auch Augenblicke, die viele Jugendliche kennen.

Seite 59 **Aufgabe 13** *Zum Beispiel:* Ich denke, dass Walter Helmut Fritz mit seinem Text Augenblicke im Leben von Menschen unterschiedlicher Generationen beschreibt, die zu Konflikten führen. Die Konflikte brechen aber nicht aus, sondern zeigen sich in Kleinigkeiten bzw. in „Augenblicken", wie z. B. in Elsas Festhalten der Türklinke oder ihrem Flüchten aus dem Bad. Deshalb hat er seine Geschichte auch „Augenblicke" genannt.

Aufgabe 15 *Zum Beispiel:* Der Text wirkt anziehend auf mich, denn man kann mit den Figuren mitfühlen und sich in sie hineinversetzen. Allerdings ist er zugleich beunruhigend, da er ein Problem darstellt, das viele Menschen betrifft und dessen Lösung nicht einfach ist; für dieses Problem wird aber keine Lösungsmöglichkeit angeboten. Ich möchte hinzufügen, dass der Text nicht nur nachdenklich, sondern auch traurig macht. Mit einem Happyend könnte der Autor einen Ausweg aus dem Dilemma zeigen. So aber fühlen sich die Lesenden mit dem Text alleingelassen.

SEITE 59 *Aufgabe 16*

Absicht des Autors und Wirkung des Textes

Zum Beispiel: Aus meiner Sicht möchte der Autor Walter Helmut Fritz die Probleme, die beim Zusammenleben verschiedener Generationen entstehen können, beleuchten. Elsa will allein sein und ihre Privatsphäre haben, spricht ihre Gefühle aber nicht offen aus. Elsas Mutter empfindet oft Langeweile, da ihr Mann nicht mehr lebt, und sucht deshalb Elsas Nähe. Allerdings merkt sie nicht, wie sie Elsa durch ihre Nähe stört.

Ich denke, dass Fritz mit seinem Text Augenblicke im Leben von Menschen unterschiedlicher Generationen beschreibt, die Konflikte in sich bergen. Die Konflikte brechen aber nicht aus, sondern zeigen sich in Kleinigkeiten bzw. in „Augenblicken", wie z. B. in Elsas Festhalten der Türklinke oder ihrem Flüchten aus dem Bad. Deshalb hat er seine Geschichte auch „Augenblicke" genannt. Das Thema besitzt große Aktualität, da diese Situationen der Unzufriedenheit für viele jüngere und auch ältere Menschen täglich erfahrbar sind. Der Text wirkt meiner Meinung nach beunruhigend auf den Leser, da er zeigt, dass unausgesprochene Sachverhalte zu Konflikten führen können. Er lässt die Lesenden nach Lösungen suchen.

ZUM TEXT STELLUNG NEHMEN

SEITE 60 *Aufgabe 1*

Ich schreibe, ob mir der Text gefällt und warum. Ich überlege, ob ich mich in die dargestellten Figuren hineinversetzen kann und ob der Text wichtige Fragen offenlässt. Zu diesem Zweck kann ich meine Erfahrungen einbringen.

Aufgabe 2

Zum Beispiel: Der Text gefällt mir, da man sich gut in die Situation, in der sich die Personen befinden, hineinversetzen kann. Das Thema macht mich allerdings traurig, da eine Lösung, die für alle Beteiligten die richtige wäre, nicht gefunden wird.

Aufgabe 3

Zum Beispiel: **Hineinversetzen in Elsa**: „Sie hatte darauf gewartet, dass ihre Mutter auch dieses Mal hereinkommen würde (...). Sie hatte – behext, entsetzt, gepeinigt – darauf gewartet, weil sie sich davor fürchtete." (Zeile 7–10); „(...) sie hätte unartikuliert schreien mögen, in die Nacht mit ihrer entsetzlichen Gelassenheit." (Zeile 50–51).

Hineinversetzen in die Mutter: „Ihre Mutter lebte seit dem Tod ihres Mannes allein. (...) Sie verwöhnte sie." (Zeile 40–43).

SEITE 61 *Aufgabe 4*

Zum Beispiel: Warum sprechen Mutter und Tochter ihre Gefühle nicht offen aus? Können die Probleme gelöst werden, wenn die beiden miteinander sprechen, oder muss Elsa ausziehen?

Aufgabe 5

Zum Beispiel: Streitsituation zwischen Mutter und Tochter schildern, Elsa sucht Hilfe bei Freunden.

Aufgabe 6

Zum Beispiel: a) **Die Themen**: Ausgehen am Abend, pünktliches Nachhausekommen, Erfüllung von Wünschen. **Umgang mit Konflikten**: Meist wird geschwiegen und jeder versucht, mit sich selbst die eigenen Gefühle auszumachen. Manchmal werden Gefühle angesprochen, doch auch hier kann Streit entstehen.

Zum Beispiel: b) Walter Helmut Fritz hat einen typischen Generationenkonflikt zum Thema seines Textes gemacht. Es gibt aber noch eine Reihe weiterer typischer Konflikte zwischen älterer und junger Generation in Familien. Der Autor hätte anstatt Mutter und Tochter auch andere Familienmitglieder wählen können. Die Art, wie mit schwierigen Situationen umgegangen wird, hat er meiner Erfahrung nach gut dargestellt.

SEITE 61 *Aufgabe 7*
SEITE 62 *Aufgabe 10*

Stellungnahme zum Text „Augenblicke" von Walter Helmut Fritz

Zum Beispiel: Der Text „Augenblicke" von Walter Helmut Fritz gefällt mir gut, weil er die Probleme zwischen Mutter und Tochter realitätsnah darstellt. Elsa hat ein Problem mit der Anhänglichkeit ihrer Mutter, die ihr fast die Luft zum Atmen nimmt. Letztendlich kann sich Elsa nur selbst aus dieser Situation befreien. Natürlich hat dies Konsequenzen, vor denen Elsa wahrscheinlich Angst hat. Diese Angst gesteht sie sich jedoch nicht ein. Der Leser hat durch die Wahl der Erzählperspektive sehr schnell Mitleid mit der „hilflosen" Elsa. Ich denke, dass es in der heutigen Zeit in Familien ähnlich zugeht. Mutter und Tochter sehen sich in der Rolle des „Opfers". Der Leser kann sich nicht nur in Elsa, sondern auch in deren Mutter gut hineinversetzen. Die Frage, die zum Schluss offenbleibt, ist: Wie kommen beide aus dieser Situation heraus?

Seite 62 ***Aufgabe 9***

b) Text A.: Der Text wird auf die Realität bezogen. Es werden Fragen aus dem Text heraus entwickelt. Der Text wird sprachlich bewertet.
Text B.: Beispiele aus eigener Erfahrung werden gegeben. Eine persönliche und inhaltliche Bewertung des Textes wird vorgenommen.

Einen Text weiterschreiben

Seite 64 ***Aufgabe 1***

siehe Seite 22 im Lösungsteil

Aufgabe 2

Zum Beispiel: Einem Jungen, der bereits von einem anderen Jungen bestohlen worden ist, wird sein übriges Geld durch seine Ehrlichkeit und seine Gutgläubigkeit von einem Erwachsenen weggenommen.

Aufgabe 3

Zum Beispiel: Verhalten des Jungen: Er weint, weil man ihn bestohlen hat, er schreit nicht laut, wehrt sich nicht, er ist passiv und hilflos.
Verhalten des Mannes: Er ist liebevoll, verständnisvoll, nimmt dem Jungen dann aber sein restliches Geld weg.

Seite 65 ***Aufgabe 4***

Zum Beispiel:

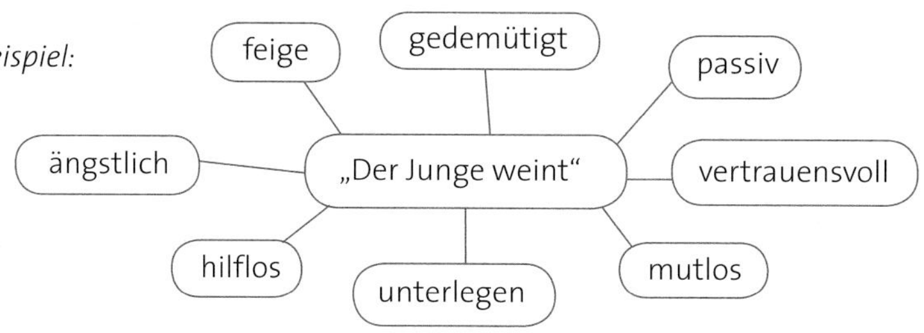

Aufgabe 5

Zum Beispiel: Ich war nicht im Kino.
Ein Junge hat mir das Geld gestohlen – er war größer als ich und stärker.
Ich habe mich nicht gewehrt, weil ich so überrascht war, ich konnte gar nichts machen.
Ich hatte Angst und habe geschrien, aber niemand hat mich gehört.
Dann kam ein Mann, der wirkte so freundlich und hat mich gefragt, was passiert ist.
Ich dachte, er wollte mir helfen.
Ich habe ihm alles erzählt und da hat er mir das restliche Geld weggenommen.
Er war wirklich gemein. Ich schäme mich so. Was hätte ich denn tun sollen?

Aufgabe 6

Zum Beispiel: Er kann fragen, was passiert ist, den Sohn aufmuntern und trösten, ausschimpfen, ihn auffordern, stärker zu sein, oder aufspringen und den Mann suchen gehen, oder dem Sohn neues Geld geben.

Aufgabe 7

Zum Beispiel: Du bist schon zurück? – Wie war der Film? Was hast du mit dem restlichen Geld gemacht? Warum hast du dich nicht gewehrt? So eine Gemeinheit! Hat dir niemand geholfen? Du bist wirklich zu vertrauensvoll! Du darfst nicht so leicht aufgeben und dir alles gefallen lassen. Vielleicht wollte der Mann dir eine Lehre erteilen. Niemand hat das Recht, dir dein Geld wegzunehmen. Lass niemanden deine Gutgläubigkeit ausnutzen.

Aufgabe 8

4 b). Dialog zwischen Vater und Sohn zu Bertolt Brechts „Der hilflose Knabe"
Zum Beispiel:
Als der Junge am Abend nach Hause kommt, sitzt der Vater gerade im Wohnzimmer und schaut fern.

Tom: Hi, Dad.
Vater: Hallo, Tom. Na, wie war's im Kino? Der Film war wohl nicht besonders lang?
Tom: Na ja, ... ich, hm, ... ich war gar nicht im Kino.
Vater: Was? Warum denn nicht? Du hast doch extra noch gejobbt und dich schon so auf den Film gefreut.
Tom: Tja, also ... aber ... als ich auf dem Weg zum Kino war, habe ich Kai getroffen. Ich habe mich kurz mit ihm unterhalten, da hat er mir einfach eines der Geldstücke weggenommen.
Vater: Wie hast du dich denn gewehrt?
Tom: Ich habe geschrien, aber es hat mich niemand gehört. Kai ist dann mit meinem Geld einfach weitergegangen und nach einigen Schritten stehen geblieben.
Vater: Was? Da bist du hoffentlich hinterher-

Seite 65

gelaufen und hast ihn zur Rede gestellt, oder?
Tom: Nein, ich bin stehen geblieben und habe geweint.
Vater: Warum hast du denn geweint? Du hättest dich wehren müssen.
Tom: Ach Dad. Kai ist doch mindestens einen Kopf größer als ich.
Vater: Das ist doch egal. Kai hat nicht das Recht, dir dein Geld so einfach wegzunehmen. Du hättest dich wehren müssen. Weinen ist keine Lösung. Warum hast du denn nicht mit dem restlichen Geld etwas Schönes gemacht? Du hättest ein Eis essen gehen können.
Tom: Ach, die Geschichte ging ja noch weiter. Als ich so dastand und geweint habe, kam ein Mann zu mir, der mich freundlich gefragt hat, warum ich weine. Ich habe ihm erzählt, was passiert ist. Der Mann war wirklich nett. Auf einmal hat er mir das restliche Geld weggenommen und ist weitergegangen.
Vater: Was? Hast du dem Mann etwa dein restliches Geld noch gezeigt?
Tom: Ach Dad, ich fand den Mann so nett. Nachdem mich Kai beklaut hat, dachte ich, dass mir der Mann hilft. Dad, warum hat er mir nicht geholfen?
Vater: Hast du dir denn nicht überlegt, dass er dir doch geholfen hat?
Tom: Was, der hat mir doch nicht geholfen! Der war gemein zu mir! Ein Heuchler ist das.
Vater: Ja, sicher. Auch er hat dich bestohlen. Aber er wollte dir damit eine Lehre erteilen.
Tom: Eine Lehre erteilen? Wollte mir Kai etwa auch eine Lehre erteilen?
Vater: Kai hat deine Leichtsinnigkeit ausgenutzt. Aber der Mann, dem du gutgläubig alles erzählt hast, hat erkannt, dass du aus dem Vorfall mit Kai nichts gelernt hast. Er wollte dir zeigen, dass Leichtgläubigkeit und Gutgläubigkeit ausgenutzt werden.
Tom: Ach so. Dann ist der Mann eigentlich doch nicht gemein gewesen, sondern wollte mir helfen.
Vater: Genau.

Seite 66–69

Übungsaufgabe zum Text „Die Probe“ von Herbert Malecha

1. Inhaltsangabe

Zum Beispiel: In der Kurzgeschichte „Die Probe“ von Herbert Malecha geht es um einen Mann namens Jens Redluff, der sich, nachdem er zunächst untergetaucht ist, nach drei Monaten wieder unter Menschen begibt. Er möchte die Stadt verlassen und hat sich, da er von der Polizei gesucht wird, einen falschen Ausweis besorgt. Zuerst fühlt sich Redluff verfolgt und irrt ängstlich durch die Straßen. Doch als sein gefälschter Pass in einer Kneipe einer Passkontrolle standhält, gewinnt er neue Sicherheit. Erleichtert und mit dem Gefühl, unmöglich entdeckt werden zu können, geht er durch die Straßen. Nichts bringt ihn aus der Fassung, auch nicht, dass er von einer jungen Frau mit jemandem verwechselt wird. Als er in einer Ausstellungshalle als hunderttausendster Besucher nach seinem Namen gefragt wird, verrät sich Redluff jedoch selbst, indem er vor vielen Zeugen seinen richtigen Namen nennt.

2. Äußere Gestalt und Sprache des Textes

Im Folgenden sind die wichtigsten Stichwörter zur Lösung der Aufgabe angegeben. In der Prüfung formulierst du in ganzen Sätzen.
119 Textzeilen; 11 Abschnitte
Kurzgeschichte: Anfang abrupt: „Redluff sah (...), wie sich das Gesicht des Fahrers ärgerlich verzog.“ (Zeile 1–2); Schluss offen: „Sie kamen auf ihn zu.“ (Zeile 119)
Redeformen: meist erlebte Rede, z. B. „Er durfte jetzt nicht schwach werden ...“ (Zeile 9 ff.); innerer Monolog: „Wovor hab ich denn eigentlich Angst, (...)“ (Zeile 29–30)
Zeitform: Präteritum/Imperfekt: „Nur stockend schoben sie sich vorwärts.“ (Zeile 18–19); „Ein breites Lichtband fiel quer vor ihm über die Straße, (...)“ (Zeile 43); Plusquamperfekt: „(...) er hatte auch nicht schlecht dafür bezahlt.“ (Zeile 16–17); Präsens innerhalb wörtlicher Rede: „Man sieht manchmal jemand ähnlich, sagte der Mann, (...)“ (Zeile 78–79) oder innerem Monolog: „Wovor hab ich denn eigentlich Angst, (...)“ (Zeile 29); Konjunktiv: „Das hätte ihm gerade gefehlt, (...)“ (Zeile 7–8)
Erzählperspektive: personaler Erzähler: erzählt wird aus der Perspektive von Redluff
Satzbau: Satzreihen: „Vor drei Monaten war das ja noch anders, da stand sein Name schwarz auf rotem Papier auf jeder Anschlagsäule zu lesen, Jens Redluff; nur gut, dass das Foto so schlecht war.“ (Zeile 33–35); Satzgefüge: „Er sah, wie die Fingernägel sich entfärbten.“ (Zeile 62–63); unvollständige Sätze (Ellipsen): „Und wieder Menschen, Menschen, ein Strom flutender Gesichter, Sprechen und hundertfache Schritte.“ (Zeile 26–27); „Konjak, doppelt, (...)“ (Zeile 50)
Sprache: Umgangssprache: „Nichts wie verdammte Einbildung, sagte er sich wieder.“ (Zeile 32–33); „Wovor hab ich denn eigentlich Angst, (...)“ (Zeile 29); Hochsprache (mit Fremdwörtern): „Dunkelglänzende Wagen sangen über den blanken Asphalt, Kaskaden wechselnden Lichts ergossen sich von den Fassaden, (...)“ (Zeile 93–94)
Stil des Autors: bildhafte Sprache: „Ein Musikautomat begann aus der Ecke zu hämmern.“ (Zeile 47)
Stilmittel: Metaphern: „Eine Welle von Schwäche (...)“ (Zeile 7); „Einem Platzregen von Gesichtern war er ausgesetzt, (...)“ (Zeile 20–21); „(...) mitzuschwimmen in dem Strom.“ (Zeile 22–23); „(...) ein Strom flutender Gesichter, (...)“ (Zeile 26–27); Vergleich: „(...), dass er wie ein Kork auf dem Wasser tanzte, abgestoßen und weitergetrieben.“ (Zeile 31–32)
Höhepunkt 1: „‚Sie entschuldigen‘, sagte er, ‚Ihren Ausweis, bitte!‘“ (Zeile 69)
Höhepunkt 2: „‚Der, der!‘, rief er auf einmal und deutete aufgeregt hinter ihm her. (...)“ (Zeile 107–108)
Wendepunkt: „‚Redluff, Jens Redluff‘, sagte er (...).“ (Zeile 115–117)

SEITE 66–69

3. Absicht des Autors und Wirkung des Textes

Zum Beispiel: Meiner Meinung nach möchte der Autor Herbert Malecha dem Leser durch seine Kurzgeschichte zeigen, welche Konsequenzen es hat, wenn man sich einer Sache zu sicher ist. Die Hauptfigur, Redluff, übersteht zunächst eine brenzlige Situation und ist danach voller Selbstsicherheit. Dann jedoch scheitert er gerade dadurch an einer Alltäglichkeit. Die Kurzgeschichte, die „Die Probe" heißt, birgt eigentlich zwei Proben in sich. Die erste Probe ist die Situation der Passkontrolle, die Redluff gut besteht. Die zweite Probe ist die des ganz normalen Alltags, nämlich als sich herausstellt, dass Redluff der hunderttausendste Besucher einer Ausstellung ist und demzufolge seinen richtigen Namen nennt. Durch diese beiden Höhepunkte gibt es eine klare Verknüpfung zwischen der Überschrift und dem Verlauf bzw. der Handlung der Geschichte. Der Text ist sehr spannend geschrieben. Auch wirkt er belehrend auf den Leser, weil gezeigt wird, dass Hochmut vor dem Fall kommt.

4 a). Stellungnahme: Würde ich „Die Probe" von H. Malecha in unserer Schülerzeitung abdrucken?

Zum Beispiel: Ich würde den Text „Die Probe" von Herbert Malecha in der Schülerzeitung unserer Schule abdrucken. Der Text ist sehr spannend und gut zu lesen, obwohl er sprachlich sehr ausgefeilt ist. Der Text zieht den Leser förmlich in die Handlung der Geschichte hinein. Ich habe beim Lesen mit Redluff gefühlt. Auch untere Klassen könnten ihn gut verstehen. Der Text könnte die Schüler außerdem dazu anregen, darüber nachzudenken, dass im Leben nichts berechenbar ist. Ist der Mensch zu sehr mit dem beschäftigt, was ihm momentan am wichtigsten erscheint, so vergisst er leicht, wie wesentlich die „banalen" Dinge des Lebens sein können. Da der Text allerdings ziemlich lang ist, müsste man einige Textstellen auslassen. Besonders gut geeignet scheint er mir für eine Ausgabe der Schülerzeitung vor den Ferien zu sein. Dann hätten die Schüler eine gute und spannende Geschichte für die Ferien.

4 b). Neuer Anfang der Geschichte

Zum Beispiel: Redluff sah, die Pistole immer noch auf die Bankkunden gerichtet, dass Morton unruhig wurde. Das machte ihm Angst. Mit zitternden Fingern stopfte die Bankangestellte jede Menge Geldscheine in die Tüte. „Los, beeil dich!", Mortons Stimme überschlug sich. Sie zuckte nervös und ein paar Geldscheine fielen ihr aus den Händen.
Das war zu viel für Morton. Ein lauter Knall zerriss die atemlose Stille. Eine Kundin schrie hysterisch auf. Morton stürzte aus dem Gebäude. Redluff verstand wohl als Letzter, was geschehen war. Er spürte, dass eine warme Flüssigkeit seine Hände entlangrann. Wortlos ließ er die Waffe fallen. In diesem Moment hörte er Sirenen. Redluff hob die Tüte mit dem Geld auf und lief los. Draußen sah er gerade noch, wie Morton und Baxter mit dem Fluchtwagen um die Ecke bogen. Redluff erstarrte. Die Polizeisirenen dröhnten in seinem Kopf. Jetzt bloß nicht die Nerven verlieren, sagte er sich. Die Bullen kriegen mich nicht. Er rannte los, lief in eine dunkle Seitengasse. Es dauerte eine Weile, bis er ganz klar denken konnte. Na klar. Joe besorgt mir neue Papiere, sagte er sich.
Monatelang versteckte er sich bei Pipa. Als er die Straße wieder betrat, war er erleichtert und zugleich voll Angst.

SEITE 38–39

ZUM TEXT „SOMMERSCHNEE" VON TANJA ZIMMERMANN

3. Absicht der Autorin und Wirkung des Textes

Zum Beispiel: Die Autorin Tanja Zimmermann möchte mit der Geschichte „Sommerschnee" zeigen, in welchem Maße unsere Wahrnehmung mit unseren Gefühlen verbunden ist. Ob der Mensch etwas als schön oder als hässlich empfindet, hat oft etwas mit unserem Empfinden und Befinden zu tun. Die junge Frau findet die ganze Welt schön, als sie glaubt, die große Liebe gefunden zu haben. Alle negativen Einflüsse von außen sind dem Mädchen egal. Dieselbe Welt aber erscheint dann sofort grässlich, als sie erfahren muss, dass sie sich geirrt hat.
Des Weiteren möchte die Autorin aufzeigen, dass das Empfinden von Glück oft nur ein kurzer Moment im Leben sein kann, auf den schnell ein tiefer Absturz folgen kann. Das Mädchen hatte sich in den jungen Mann verliebt, ohne sicher zu sein, dass auch er sie wirklich liebte. Der Text wirkt deswegen auch belehrend auf den Leser, da ihm bewusst wird, dass man sein Schicksal nicht allein beeinflussen kann. Durch den Gefühlsabsturz der Hauptperson wird der Leser aber auch traurig und nachdenklich, weil er mit der jungen Frau mitfühlt.

4 a). Figurencharakteristik

Zum Beispiel: Die Hauptperson der Geschichte „Sommerschnee" von Tanja Zimmermann ist eine junge Frau, die zwei sehr extreme Situationen erlebt, aber dennoch sind ihre Reaktionen nochmals extremer, als es die Situation nahelegt: Sie verbrennt sich mit der Zigarette an der Hand, nachdem sie den Zettel gelesen hat. Sie ist also psychisch sehr zerbrechlich. Sie vermittelt auch den Eindruck, dass mit ihrem Verliebtsein etwas nicht stimmt, weil sie einerseits behauptet, sich gut zu fühlen, und andererseits im gleichen Satz denkt, dass ihr alles so egal sei (Zeile 1). Sie macht sich sehr abhängig von dem jungen Mann und orientiert sich sehr stark an ihm, z. B. kauft sie sich seine Marke Filterzigaretten, obwohl sie eigentlich stärkere raucht. Daraus kann man folgern, dass sie nicht sehr selbstständig ist. Sie wirkt wie ein nervöser Mensch und ist sehr stimmungsabhängig, aber auch sehr sensibel. Ihr Äußeres scheint nicht sehr gepflegt zu sein, ihre Hose ist schmutzig und ihre Haare sind strähnig.

4 b). Tagebucheintrag
Zum Beispiel: Liebes Tagebuch,
ach, wenn ich doch nur wüsste, was ich falsch gemacht habe! Es war doch alles so schön. Noch nie zuvor hat mich ein Mann so glücklich gemacht. Den ganzen Tag habe ich mich auf ihn gefreut. Ich konnte an nichts anderes denken – nur an ihn. Und dann dieser Zettel! Er hat alles kaputt gemacht. Wieso hat er mich so verletzen müssen? An allem ist eigentlich nur diese blöde Vera schuld. Warum musste er sie nur wiedertreffen? Er hatte noch nicht einmal den Mut, mir ins Gesicht zu sagen, was los ist. Wie konnte ich nur so dumm sein. Wahrscheinlich hat er von Anfang an nicht mehr als ein kurzes Abenteuer in mir gesehen und ich war naiv genug zu glauben, dass ich in ihm jemanden gefunden habe, der mich ernst nimmt und mich liebt so wie ich bin. Er hat mich so enttäuscht.

SEITE 54–55

ZUM TEXT „AUGENBLICKE" VON WALTER HELMUT FRITZ

1. Inhaltsangabe
Zum Beispiel: Der Text „Augenblicke" von Walter Helmut Fritz handelt von einer Mutter-Tochter-Beziehung und deren Problemen. Elsa, eine junge Frau, lebt mit ihrer Mutter zusammen. Während Elsa ihre Privatsphäre haben möchte, sucht die Mutter, deren Mann verstorben ist, die Nähe ihrer Tochter. Elsa fühlt sich von ihrer Mutter erdrückt. Sie ist so verzweifelt, dass sie das Haus verlässt, um sich eine eigene Wohnung zu suchen. Da Weihnachtszeit und zudem Wochenende ist, ist die Suche vergeblich. Um nicht gleich wieder nach Hause zurückkehren zu müssen, lässt sie sich durch die Stadt treiben. Erst kurz vor Mitternacht betritt sie wieder die Wohnung ihrer Mutter, die bereits schläft. Elsa denkt über die Situation nach und hat auch Mitleid mit ihrer Mutter. Ihre Verzweiflung ist grenzenlos.

2. Äußere Gestalt und Sprache des Textes
Im Folgenden sind die wichtigsten Stichwörter zur Lösung der Aufgabe angegeben. In der Prüfung formulierst du in ganzen Sätzen.
51 Textzeilen, viele Abschnitte
Kurzgeschichte: unvermittelter Beginn: „Kaum stand sie vor dem Spiegel (...)" (Zeile 1); offenes Ende: Man weiß nicht, wie sich Elsa entscheiden wird. Das Geschehen findet zuerst in der Wohnung, dann auf den Straßen der Stadt und dann wieder in der Wohnung statt.
Höhepunkt 1: „Elsas Mund krampfte sich zusammen. Ihre Finger spannten sich. (...)" (Zeile 5–6); Situation mit ihrer Mutter im Bad: „Sie ging auf und ab, von der Tür zum Fenster, vom Fenster zur Tür." (Zeile 15–16)
Wendepunkt 1: Elsas Flucht: „Wenig später allerdings verließ Elsa das Haus, ohne ihrer Mutter adieu zu sagen." (Zeile 22)
Höhepunkt 2: Elsas Gedanken in der Stadt: „Sie würde erst spät zurückkehren (...) Sie würde sich gleich nach Weihnachten eine Wohnung nehmen. (...) Kein einziges Mal würde sie sich mehr beherrschen können, wenn ihre Mutter zu ihr ins Bad kommen würde, (...)" (Zeile 34–44)
Wendepunkt 2: Elsas Flucht „Elsa floh." (Zeile 45)
Zeit des Handlungsspielraums: vom späten Nachmittag bis Mitternacht
Erzählperspektive: allwissender Erzähler: Der Autor kennt Elsas Gedanken und Gefühle und die ihrer Mutter.
Zeitformen: Präteritum/Imperfekt: „Kaum stand sie vor dem Spiegel (...)" (Zeile 1); Plusquamperfekt: „Sie hatte darauf gewartet, (...)" (Zeile 7); Präsens innerhalb der direkten Rede: „Du kannst weitermachen, sagte die Mutter" (Zeile 19); Konjunktiv: „Sie würde erst spät zurückkehren. Ihre Mutter würde (...)" (Zeile 34–39)
Satzbau: unvollständige Sätze: „Also doch! Wie immer, wie *fast* immer." (Zeile 4); „Über der Straße künstliche, blau, rot, gelb erleuchtete Sterne." (Zeile 46); Satzreihen: „In einem Geschäft für Haushaltungsgegenstände fragte sie, ob es in der Nähe nicht eine Wohnungsvermittlung gäbe." (Zeile 27–28); Satzgefüge: „Sie hatte darauf gewartet, dass ihre Mutter auch dieses Mal hereinkommen würde, voller Behutsamkeit, mit jener scheinbaren Zurückhaltung, die durch ihre Aufdringlichkeit die Nerven freilegt." (Zeile 7–9); kurze vollständige Sätze: „Sie ging Stunden umher." (Zeile 34) „Man bedauerte." (Zeile 28)
Sprachliche Mittel / Stilmittel: innerer Monolog: „Also doch! Wie immer, wie *fast* immer." (Zeile 4); Wiederholungen: „Wie immer, wie *fast* immer." (Zeile 4), „Sie liebte Elsa. Sie verwöhnte sie." (Zeile 43)
Redeformen und Sprache: Wechsel aus Erzählung und wörtlicher Rede; Umgangssprache: „Komm, ich mach dir Platz, (...)" (Zeile 11), gut verständlich und flüssig zu lesen

4 b). Neues Ende des Textes (ab Zeile 45)
Zum Beispiel: Immer verzweifelter irrte sie durch die Straßen. Würde sie wirklich eine Wohnung finden? Irgendwann würde sie ersticken. Schon einmal war sie ausgezogen. Niemals konnte sie die Blicke ihrer Mutter vergessen. Sie brannten wie Feuer und hinterließen Narben. Als sie am Abend in die Wohnung zurückkehrte, war sie hoffnungsloser als sonst. Ihr schlug eine scheinheilige, klebrige Wärme entgegen. Wie immer! Sie ging ins Bad. „Ach, da bist du ja wieder. Ich störe nur kurz. Ich wasche mir nur die Hände", hörte sie ihre Mutter sagen. Morgen würde sie nicht auf Wohnungssuche gehen. Nie mehr! Kein einziges Mal! „Mutter!", schrie Elsa. „Hör' mir endlich mal zu!" Morgen würde sie nicht auf Wohnungssuche gehen. Nie mehr! Kein einziges Mal!

Seite 63

Zum Text „Der hilflose Knabe“ von Bertolt Brecht

1. Inhaltsangabe
Zum Beispiel: In der Kalendergeschichte „Der hilflose Knabe“ von Bertolt Brecht geht es darum, dass es nicht gut ist, erlittenes Unrecht still in sich hineinzufressen. Ein Junge, der leise vor sich hin weint, wird von einem Passanten angesprochen. Diesem erzählt er, dass ein anderer Junge ihn bestohlen habe. Der Mann zeigt zunächst sein Mitgefühl und fragt nach dem Verlauf des Ereignisses. Anschließend nimmt er dem Jungen allerdings noch sein restliches Geld weg. Diese Begebenheit wird von einem „Herrn K.“ erzählt.

2. Äußere Gestalt und Sprache des Textes
Im Folgenden sind die wichtigsten Stichwörter zur Lösung der Aufgabe angegeben. In der Prüfung formulierst du in ganzen Sätzen.
Elf Textzeilen, ein großer Abschnitt
Kalendergeschichte: unterhaltende, populäre und relativ kurze Erzählung, die deutlich belehrend-moralisch ist
Höhepunkt und gleichzeitig Wendepunkt: Auch der Mann bestiehlt den Jungen. „‚Dann gib auch den her‘, sagte er, nahm ihm den letzten Groschen aus der Hand und ging unbekümmert weiter.“ (Zeile 10–11)
Erzählperspektive: personaler Erzähler / Er-Erzähler: Der Leser weiß bis zum Ende der Geschichte nicht, wie der Mann schließlich reagieren wird.
Zeitform: Präteritum/Imperfekt: „Herr K. sprach (...)“ (Zeile 1); Plusquamperfekt: „Ich hatte zwei Groschen (...) beisammen“ (Zeile 3–4); Perfekt: „Hast du denn nicht um Hilfe geschrien? (...)“ (Zeile 6); Präsens: „Kannst du denn nicht lauter schreien?, (...)“ (Zeile 8–9)
Redeform: Erzählung mit direkter Rede
Stilmittel: unvollständige Sätze: „(...) nahm ihm den letzten Groschen (...)“ (Zeile 11)
Satzbau: Satzreihe: „Herr K. sprach über die Unart, erlittenes Unrecht stillschweigend in sich hineinzufressen, und erzählte folgende Geschichte“ (Zeile 1–2); kurze Sätze, z. B. „Hat dich niemand gehört?“ (Zeile 7)
Sprache: Hochsprache: „Unart“ (Zeile 1); „Einen vor sich hin weinenden Jungen fragte ein Vorübergehender nach dem Grund seines Kummers.“ (Zeile 2–3); Alltagssprache: „Dann gib auch den her.“ (Zeile 10)

3. Absicht des Autors und Wirkung des Textes
Zum Beispiel: Brecht möchte mit seiner Geschichte zeigen, dass es nicht gut ist, Unrecht stillschweigend zu ertragen. Am Beispiel des Knaben, der von einem anderen Jungen bestohlen wird, zeigt er, dass es schlecht ist, wenn man sich nicht oder nur unzureichend wehrt, da der Junge sein Geld von dem anderen Jungen nicht zurückbekommt. Dadurch, dass der Knabe sein Erlebnis dem vorgeblich mitfühlenden Mann schildert, macht Brecht deutlich, dass auch Erwachsene die Hilflosigkeit Schwächerer ausnutzen können. Somit wird der Junge zum zweiten Mal bestohlen. Hätte sich der Knabe vorsichtiger verhalten, wäre er nicht, und schon gar nicht zweimal, bestohlen worden. Mit seinem Text möchte Brecht den Leser aufrütteln, umsichtig und nicht naiv durch das Leben zu gehen. Man muss sich wehren, wenn einem Unrecht widerfährt. Brecht macht deutlich, dass man keinem trauen sollte, auch wenn der andere vorgibt, freundlich und verständnisvoll zu sein. Der Text wirkt auf den Leser belehrend und aufrüttelnd zugleich, da ihm bewusst wird, wie schnell man durch Leichtgläubigkeit hintergangen werden kann.

4 a). Stellungnahme: Soll man Unrecht stillschweigend erdulden?
Zum Beispiel: In der Frage, ob man stillschweigend Unrecht erdulden sollte, bin ich der Meinung, dass man dies natürlich nicht tun soll. Es gibt aber Fälle, in denen das Schweigen eine bessere Variante ist. Das gilt einmal für aussichtslose Situationen, wenn man weiß, dass es nichts nützt oder die Sache nur verschlimmert, wie zum Beispiel, wenn man zu viele Gegner hat. Oder wenn Personen, die nicht zur Verantwortung gezogen werden können, einem Unrecht zufügen, z. B. geistig verwirrte Menschen. Wie die Geschichte von Brecht aber zeigt, ist es wichtig, dass man Kindern beibringt, sich selbst zu behaupten, weil sie das im Leben brauchen werden.

ZU LYRIK SCHREIBEN

INHALTSANGABE

SEITE 71 **Aufgabe 1**

a) *Die richtigen Antworten sind:*
- Ich beschreibe in eigenen Worten, worum es im Gedicht geht.
- Ich informiere darüber, aus wie vielen Strophen und Versen das Gedicht besteht.
- Ich nenne im ersten Satz den Namen des Autors oder der Autorin und den Titel des Gedichts.

Aufgabe 2

b) *Zum Beispiel:* In dem Gedicht „Was es ist" von Erich Fried geht es um Liebe.

SEITE 72 **Aufgabe 3**

a) *Zum Beispiel:* Stimmen der Liebe; oder: Was ist Liebe ...
b) *Zum Beispiel:* Das Gedicht gibt verschiedene Meinungen zu Liebe wieder.

Aufgabe 4

Das Gedicht „Was es ist" hat drei Strophen. Erste Strophe: vier Verse, zweite Strophe: acht Verse, dritte Strophe: acht Verse.

Aufgabe 5

Alle Verben, die vorkommen, wiederholen sich: „ist" und „sagt". Es wiederholen sich auch die Wortgruppen: „Es ist" und „Es ist was es ist | sagt die Liebe".

SEITE 73 **Aufgabe 7**

Vernunft (1x), Liebe (3x), Berechnung (1x), Angst (1x), Einsicht (1x), Stolz (1x), Vorsicht (1x), Erfahrung (1x)

Aufgabe 8

Die Vernunft sagt: „Es ist Unsinn." (1x)
Die Liebe sagt: „Es ist was es ist." (3x)
Die Berechnung sagt: „Es ist Unglück." (1x)
Die Angst sagt: „Es ist nichts als Schmerz." (1x)
Die Einsicht sagt: „Es ist aussichtslos." (1x)
Der Stolz sagt: „Es ist lächerlich." (1x)
Die Vorsicht sagt: „Es ist leichtsinnig." (1x)
Die Erfahrung sagt: „Es ist unmöglich." (1x)

Aufgabe 9

Die Sprecher sind menschliche Eigenschaften und Gefühle.

Aufgabe 10

a) Mit dem Wort „Es" ist vermutlich die Liebe gemeint.
b) Positiv oder eher neutral ist nur: „Es ist was es ist | sagt die Liebe"
c) Es gibt verschiedene Möglichkeiten, die Liebe zu beurteilen. Jeder Sprecher hat eine andere Perspektive auf die Liebe.

SEITE 74 **Aufgabe 11**

Das Gedicht „Was es ist" von Erich Fried besteht aus drei Strophen. Die erste Strophe besitzt vier Verse, die zweite und dritte Strophe jeweils acht Verse.

Aufgabe 12

Inhaltsangabe
Zum Beispiel: Das Gedicht „Was es ist" von Erich Fried behandelt das Thema „Liebe". Es besteht aus drei Strophen, wobei die erste Strophe vier Verse besitzt und die zweite und dritte Strophe jeweils aus acht Versen bestehen. Die Liebe und sieben weitere menschliche Eigenschaften und Gefühle sprechen wie Personen miteinander, äußern ihre Meinung und erklären, was „es ist". Sie sagen damit, was für sie Liebe bedeutet. Man hat als Leser den Eindruck, als würden wirkliche Personen miteinander diskutieren. Jeder sagt in einem Satz, wie er Liebe definiert, wobei dies meistens nicht positiv ist. Die Liebe, die selbst zu Wort kommt, wiederholt am Schluss einer jeden Strophe ihren Satz, dass Liebe eben ist, was sie ist.

Vorübungen für die Teilaufgabe 2

Seite 75 *Aufgabe 1*

Im traurigen Monat November war's, a
Die Tage wurden trüber b
Der Wind riss von den Bäumen das Laub, c
Da reist' ich nach Deutschland hinüber. b

Seite 76 *Aufgabe 2*

b)

Gedicht	x x́	Fantasie	x x x́
Butter	x́ x	großartig	x́ x x

Aufgabe 3

b)

x́ x x́ x x́ x x́ x x́
Augen, meine lieben Fensterlein
x́ x x́ x x́ x x́ x x́
Gebt mir schon so lange holden Schein,
x́ x x́ x x́ x x́ x x́
Lasset freundlich Bild um Bild herein:
x́ x x́ x x́ x x́ x x́
Einmal werdet ihr verdunkelt sein!

Metrumform: **Trochäus**

x x́ x x́ x x́ x x́
Die Welle wieget unsern Kahn
x x́ x x́ x x́
Im Rudertakt hinauf,
x x́ x x́ x x́ x x́
Und Berge, wolkig himmelan,
x x́ x x́ x x́
Begegnen unserm Lauf.

Metrumform: **Jambus**

Aufgabe 4

Das Metrum von Kellers „Abendlied“ ist ein fünfhebiger Trochäus.
Das Metrum von Goethes „Auf dem See“ ist ein vierhebiger Jambus.

Seite 77 *Aufgabe 5*

a) *Zum Beispiel:* Sie ist dumm wie ein Esel.
b) *Zum Beispiel:* Sie ist mutig/stark/mächtig wie ein Löwe.

Aufgabe 6

a) **Metapher**: Schmetterlinge im Bauch haben
Bedeutung: Aufregung beim Verliebtsein

b) **Metapher**: Ins Schwarze treffen
Bedeutung: Etwas genau verstehen oder ausdrücken

Aufgabe 7

Dargestelltes Symbol	Bedeutung
Herz	Liebe
Ring	(ewige) Treue
Faust	Macht, Gewalt

Äussere Gestalt und Sprache des Gedichts

Seite 79 *Aufgabe 1*

siehe Seite 32 im Lösungsteil

Aufgabe 2

Form und Sprache untersuchen: Reime, Reimschema, Metrum, Metaphern und andere sprachliche Gestaltungsmittel, Wortwahl und Satzbau. Aussagen mit Zitaten aus dem Text belegen.

Aufgabe 3

b) *Zum Beispiel:* eingerückte Verse bilden drei Fragezeichen aus den drei Strophen
c) + d) *siehe Aufgabe 14, Seite 25 im Lösungsteil*
e) Metrum: Jambus, die Anzahl der Hebungen variiert stark

x x́ x x́ x x́ | x x́ x x́ x
Wenn du zur Arbeit gehst | am frühen Morgen,

Seite 80 *Aufgabe 4*

b) Die Metaphern sind: „Augen in der Großstadt“, „Menschentrichter“, „Lebensglück (...) verweht“, „ein Auge winkt“, „die Seele klingt“, „einen Pulsschlag lang“, „kein Mensch dreht die Zeit zurück“.

SEITE 80 ***Aufgabe 5***

a)–c)

Metapher	normale Bedeutung, Funktion	Bedeutung der Metapher
„Menschentrichter"	Umfüllen von Flüssigkeiten wie Wasser oder körnigen Materialien wie Salz	zusammengedrängte große Masse, die durch die engen Städte „durchrieselt"
„Lebensglück (...) verweht"	Blätter im Wind	Das Lebensglück ist verschwunden.
„Ein Auge winkt"	Menschen winken zum Abschied.	Ein einzelner Mensch macht auf sich aufmerksam und sticht aus der großen Masse heraus. Abschied
„die Seele klingt"	Glocke, Musik, Instrument	Man freut sich, es geht einem gut.
„kein Mensch dreht die Zeit zurück"	Man sagt z. B.: ein Rad zurückdrehen.	Geschehenes kann nicht rückgängig gemacht werden.
„einen Pulsschlag lang"	kurzer Zeitraum im menschlichen Körper	Bruchteil einer Sekunde, kurze Zeitspanne im menschlichen Leben

Aufgabe 6

b)

Personifikation	Bedeutung der Metapher
„zeigt die Stadt"	Die Stadt ist lebendig wie ein Mensch.
„Ein Auge winkt"	Ein einzelner Mensch macht auf sich aufmerksam und sticht aus der großen Masse heraus. Abschied

SEITE 81 ***Aufgabe 7***

a) **Anaphern**: „Wenn du (...) wenn du" (1. Strophe), „du (...) du" (2. Strophe), „Es kann (...) es kann (...) es kann (...) Es" (3. Strophe)
Refrains: „Zwei fremde (...) Vorbei, verweht, nie wieder."
b) Der Refrain wird variiert.

Aufgabe 8

Gegensatzpaar: dieselben Sätze, bis auf „Freund" und „Feind".

Aufgabe 9

Alliteration: „Vorbei" und „verweht" in allen drei Strophen.

Aufgabe 10

Übertreibung: „Millionen Gesichter" (Zeile 8)

SEITE 82 ***Aufgabe 11***

a) Keine Wortart besonders häufig oder selten; Nomen, Verben und Adjektive kommen vor.
b) Hauptsächlich Aussagesätze; beginnt mit einem Konjunktionalsatz, der durch „wenn" eingeleitet wird; keine Ausrufesätze; Fragesatz „Was war das?" wird dreimal wiederholt.
c) Lange Sätze, über mehrere Verse hin; oft Umstellung der Satzglieder bzw. der Sätze; z. B. Zeile 5–8, denn dieser Satz müsste richtig heißen „Da zeigt dir die Stadt asphaltglatt Millionen Gesichter im Menschentrichter."

Aufgabe 12

a) Der Zeilensprung wird in der Strophe von Tucholsky verwendet.
b) Die Strophe aus „otto mops" von Ernst Jandl ohne Zeilensprung wirkt abgehackt und weniger flüssig.

Aufgabe 13

Ellipse: „Vorbei, verweht, nie wieder" (Zeilen 12, 25, 40)

SEITE 83 ***Aufgabe 14***

Das Reimschema, der Reim und das Metrum:

1. Strophe	2. Strophe	3. Strophe
Kreuzreim (abab), Paarreim (ccdd), Kreuzreim (efef)	Kreuzreim (ghgh) Paarreim (iijj) Kreuzreim mit eingeschobenem Vers (efkef)	Kreuzreim (lmlm) Haufenreim (nnnn) Paarreim (oo) Kreuzreim mit eingeschobenem Vers (efkef)

Unreine Reime: „Blick" (Zeile 9) und „Glück" (Zeile 11)
„Blick" (Zeile 21) und „zurück" (Zeile 24)
„Blick" (Zeile 35) und „Stück" (Zeile 39)

Metrum: ein nicht regelmäßiger und nicht durchgängiger Jambus

x x́ x x́ x x́
Wenn du zur Arbeit gehst

SEITE 83 *Aufgabe 15*

Stilmittel, Wortwahl und Satzbau

Name d. Stilmittels	Stilmittel im Text	Bedeutung
Metaphern	„Menschentrichter“ (Zeile 7)	Anonymität, große Masse in engen Städten
	„Lebensglück (...) verweht“ (Zeile 11–12)	Das Lebensglück ist verschwunden.
	„Ein Auge winkt“ (Zeile 17)	Ein Mensch sticht aus der Masse heraus.
	„diew Seele klingt“ (Zeile 18)	Man freut sich.
	„kein Mensch dreht die Zeit zurück“ (Zeile 23)	Geschehenes kann nicht rückgängig gemacht werden.
	„einen Pulsschlag lang“ (Zeile 27)	kurze Zeitspanne im menschlichen Leben
Personifikationen	„zeigt die Stadt“ (Zeile 5)	Die Stadt ist lebendig wie ein Mensch.
	„Ein Auge winkt“ (Zeile 17)	Ein einzelner Mensch macht auf sich aufmerksam und sticht aus der Masse heraus. Abschied
Anaphern	„Wenn du (...) wenn du“ (Zeile 1, 3)	zur Verdeutlichung besonders hervorgehoben
	„Es kann (...) es kann (...) es kann (...) Es“ (Zeile 29–31, 33)	betont die Möglichkeiten
Refrain	„Zwei fremde (...) nie wieder“ (Zeile 9–12, 21–24, 35–39)	zur Verdeutlichung besonders hervorgehoben; dadurch liedartige und geschlossene Wirkung des Gedichts
Gegensatz	„Es kann ein Freund (...) es kann ein Feind“ (Zeile 29–30)	Man begegnet sehr unterschiedlichen Typen von Menschen.
Alliteration und Ellipse	„Vorbei, verweht, nie wieder“ (Zeile 12, 25, 40) und „Von (...) vorbei, verweht, nie wieder“ (Zeile 9–40)	Alles geht vorbei.
Übertreibung	„Millionen“ (Zeile 8)	Verdeutlicht die große Menge an Menschen.
Zeilensprung	Das ganze Gedicht weist Enjambements auf.	Flüssige Wirkung beim Lesen; es wird betont, dass das Leben dahinfließt.

Zu **Wortwahl und Satzbau**: Keine Wortart auffallend häufig; es überwiegen Aussagesätze, das Gedicht beginnt mit dem Konjunktionalsatz „Wenn du zur Arbeit (...)“ (Zeile 1–12), keine Ausrufesätze, der Fragesatz „Was war das?“ wird dreimal wiederholt (Zeile 11, 23 und 38). Es gibt vorwiegend lange Sätze, über mehrere Verse hin, oft gibt es eine Umstellung der Satzglieder, z. B.: „da zeigt die Stadt | dir asphaltglatt“ (Zeile 5–6).

Aufgabe 16

Äußere Gestalt und Sprache des Gedichts

Die Lösung der Aufgabe ergibt sich, wenn du deine Ergebnisse der Aufgaben 3–15 von S. 79–83 in ganzen Sätzen zusammenfasst.

ABSICHT DES AUTORS / DER AUTORIN UND WIRKUNG DES GEDICHTS

SEITE 84 *Aufgabe 1*

b) *Zum Beispiel:* Ich beschreibe, wie das Gedicht auf mich wirkt und wodurch mein Eindruck entsteht. Dabei wiederhole ich für mich, worum es im Wesentlichen geht und was die Überschrift bedeutet. Ich überlege auch, was noch zum Thema gehört und im Gedicht nicht angesprochen wird. Ich suche nach Verbindungen zum Leben des Autors und zur Zeit, in der das Gedicht entstand.

SEITE 85 *Aufgabe 2*

Zum Beispiel: Großstadt, Sorgen, Hektik, Menschenmassen, ein Leben lang unterwegs, Begegnung mit vielen Fremden, lebendige Stadt, alles geht vorbei und kommt nie wieder.

Aufgabe 3

Diese Stichworte könntest du in dem Cluster zu „Augen in der Großstadt“ geschrieben haben: Anonymität in großen Städten, Menschenmassen, Gleichgültigkeit, Einsamkeit, kein Lebensglück, kurze Dauer des menschlichen Lebens, alles geht vorbei, kurzer Kontakt mit Fremden, viele Möglichkeiten in großen Städten, viele unterschiedliche Menschen, traurig, Abschiedsstimmung

SEITE 86 *Aufgabe 4*

Zum Beispiel: Ich fühle mich wertlos, unwichtig, wie ein winziger Punkt. Ich laufe gleichgültig und allein zwischen den anderen dahin.

SEITE 86/87 *Aufgabe 5*

Zum Beispiel:
- Mit dem Wort wird nicht nur „beobachten", „sehen", sondern auch „gesehen werden" ausgedrückt.
- Es kommen so viele Augen vor, um die großen Menschenmassen darzustellen.
- Es ist fremd, flüchtig, er kennt sie nicht und vergisst sie sofort wieder.
- Dazu gehören Autos, Lärm, Smog, Läden, Schaufenster, Lichtreklame, Disko ...
- Es gibt drei verschiedene Antworten auf die Frage „Was war das?". In der ersten Strophe ist es die Chance, den Menschen fürs Leben zu treffen, in der zweiten wird die Vergänglichkeit thematisiert und in der dritten Strophe findet man den Gedanken, dass jeder nur einer unter vielen ist.
- Die Begegnung mit anderen Menschen, das Glück, das Leben sind kurz, es ist alles schnell vorüber und kehrt nie wieder zurück. Das Gedicht klingt wehmütig.

SEITE 87 *Aufgabe 6*

Zum Beispiel: In dem Gedicht „Augen in der Großstadt" von Kurt Tucholsky geht es um die Menschenmassen in den Städten sowie die dazugehörige Anonymität und Gleichgültigkeit. Der Autor stellt einerseits die Hektik des Stadtlebens dar, andererseits die Einsamkeit und Wertlosigkeit des Einzelnen. Die Menschen begegnen sich nicht wirklich, der Kontakt ist auf das kurze gegenseitige Erblicken beschränkt. Aus diesem Grund gibt es keine Chance, dem richtigen Menschen für das eigene Leben zu begegnen und mit ihm das Lebensglück zu verwirklichen.
Die Stimmung im Gedicht ist traurig und wehmütig. Die Unwiederbringlichkeit des Lebens wird betont und man hat den Eindruck eines Abschieds. Ein weiteres Problem des Stadtlebens, das nicht thematisiert wird, ist z. B. die hohe Umweltbelastung oder die fehlende Natur.

SEITE 88 *Aufgabe 7*

c) *Zum Beispiel:* Einen Großteil seines Lebens verbrachte Kurt Tucholsky in den Großstädten Berlin und Paris. Er musste seine Heimat verlassen und emigrieren, war also, wie im Gedicht, auf der Wanderschaft. Der Satz „Vorbei, verweht, nie wieder" passt dazu: Er muss Deutschland und Paris verlassen. Alles, was er besaß, wird vernichtet, sogar die deutsche Staatsbürgerschaft wird ihm entzogen. Die wehmütige Stimmung im Gedicht könnte auf seinen Selbstmord hinweisen.

Aufgabe 8

Zum Beispiel: Die Zeilen „Es kann ein Feind sein (...) dein Genosse sein" könnten auf Tucholskys Erfahrungen im Ersten Weltkrieg und seine Kritik an Soldaten anspielen. Man muss im Krieg wahllos unbekannte und unschuldige Menschen töten.

SEITE 89 *Aufgabe 9*

c) *Zum Beispiel:* „Du gehst dein Leben lang | auf tausend Straßen" (Zeile 13–14): Die Städte sind um 1900 bereits so groß geworden, dass man nicht mehr immer die gleichen Straßen entlanggeht. Mit dem Bau der Metro entstehen schnellere Fortbewegungsmöglichkeiten. Man legt längere Strecken schneller zurück.
„Du siehst auf deinem Gang, | die dich vergaßen" (Zeile 15–16): Die Einwohnerzahl in den modernen Städten ist so gewachsen, dass man immer wieder neuen Menschen begegnet bzw. neue kennen lernt, die man aber bald vergisst und von denen man auch vergessen wird.
„da zeigt die Stadt | dir asphaltglatt | im Menschentrichter | Millionen Gesichter" (Zeile 5–8): In der modernen Großstadt herrscht ein schnelles Tempo, man begegnet vielen Menschen nur kurz, der Kontakt ist unpersönlich („asphaltglatt"; Zeile 6).

Aufgabe 10

Absicht des Autors und Wirkung des Gedichts
Zum Beispiel: Das Gedicht von Kurt Tucholsky thematisiert die Einsamkeit des Menschen mitten in der Großstadtmenge. Gerade diesen Widerspruch möchte er darstellen. Auf der einen Seite gibt es sehr viele Menschen, der Dichter spricht von „Millionen", auf der anderen Seite sind sie einander fremd. Man bleibt in der großen Masse anonym und schwimmt nur irgendwie mit dem Strom mit. Zwar begegnet man tagtäglich sehr vielen und sehr unterschiedlichen Menschen, doch diese Begegnungen sind von sehr kurzer Dauer. Im Gedicht wird die Großstadt nicht positiv dargestellt, denn es fehlen z. B. die glitzernde Welt der Reklame, der Einkaufszentren und der Reichtum, es gibt nur Monotonie und Einsamkeit. Das Gedicht spricht jedoch nicht nur von der Großstadt, sondern bezieht in der zweiten Strophe das ganze Leben mit ein. Es verallgemeinert die Vergänglichkeit des menschlichen Lebens. Gerade das einzelne Leben wirkt klein und

SEITE 89

unwichtig in dem Bild der Millionen Großstadtbewohner. Betrachtet man außerdem Tucholskys Leben, so fallen zwei Dinge auf. Zum einen lebte er lange in den Großstädten Berlin und Paris, er erlebte das Wachsen dieser Metropolen und die technischen Neuerungen, die das Leben beschleunigen, wie z.B. den Bau der Metro bzw. U-Bahn in Paris und Berlin. Er bringt diese Erfahrungen, die für ihn wohl negativ waren, ins Gedicht ein. Zum anderen musste er ständig sein Zuhause verlassen und sich an einem anderen Ort einleben. Dieses für ihn unangenehme Gefühl der Wanderschaft beschreibt er ebenfalls im Gedicht.

STELLUNGNAHME

SEITE 90

Aufgabe 1

a) *Diese Sätze solltest du angekreuzt haben:*
- Ich beziehe mich in meinem ersten Satz noch einmal auf die Aufgabenstellung.
- Ich bewerte das Gedicht und sage, ob ich es in eine Gedichtsammlung einer Schülerzeitung zum Thema „Stadt" aufnehmen würde oder nicht und warum.
- Ich überlege, ob das Gedicht heute noch aktuell ist, und begründe, warum.
- Ich beziehe meine eigenen Erfahrungen mit der Großstadt mit ein und vergleiche diese mit dem Gedicht.

Aufgabe 2

Die Sätze, welche die vier richtigen Antworten aus Aufgabe 1 ausführen, findest du unten in der Lösung zur Aufgabe 3 unterstrichen. Sie beziehen sich auf den ersten, den zweiten, den dritten und den vierten Punkt aus der Lösung zur Aufgabe 1 (in dieser Reihenfolge).

Aufgabe 3

Stellungnahme: Würde ich Kurt Tucholskys Gedicht „Augen in der Großstadt" in der nächsten Ausgabe unserer Schülerzeitung abdrucken?
Zum Beispiel: Würde unsere Schülerzeitung in ihrer nächsten Ausgabe Gedichte zum Thema „Stadt" abdrucken, so würde ich das Tucholsky-Gedicht auf jeden Fall mit aufnehmen. Das Gedicht gefällt mir. Es spricht nicht nur das Thema Großstadt an, sondern das menschliche Leben überhaupt. Ich kann mir auch vorstellen, dass vielen Schülerinnen und Schülern unserer Schule, die in einer Kleinstadt liegt, das Thema Großstadt nicht allzu viel sagt und sie über „Augen in der Großstadt" einen guten Einblick in diese Thematik bekommen können. Denn Tucholsky hat in diesem Gedicht die Stimmung des Einzelnen in einer großen Menschenmasse wiedergegeben, und man kann sich gut vorstellen, wie befremdlich einem diese Anonymität vorkommt und wie einsam man sich fühlt. Obwohl es schon vor über siebzig Jahren geschrieben wurde, ist das Gedicht sehr aktuell. Außerdem ist das Gedicht inhaltlich nicht besonders kompliziert, es liest sich gut und ist leicht verständlich. Ich selbst kann die Gedanken und Gefühle Tucholskys sehr gut nachvollziehen, weil ich schon ein paarmal in Frankfurt und in Paris war und das komische Gefühl kenne, wenn man sich nicht mehr in seiner gewohnten Umgebung mit den bekannten Straßen, Geschäften und Menschen befindet, sondern in einer großen, anonymen Stadt mit lauter fremden Menschen.

KURZERÖRTERUNG

SEITE 91

Aufgabe 1

a) *Diese Antwort ist richtig:* Ganz gleich, welcher Meinung ich bin, ich wäge Vor- und Nachteile in einer Erörterung gegeneinander ab.

Aufgabe 2

Zum Beispiel:

Vorteile	Nachteile
mehr Ausgehmöglichkeiten	anonymes Stadtleben, nicht wie auf dem Land, wo jeder jeden kennt
keine langen Wege, man ist nicht an einen Ort gebunden, weil z.B. kein Bus fährt wie auf dem Land	viele Menschen, Hektik, Abgase, viel Verkehr, Lärm
breites kulturelles und sportliches Angebot: z.B. Bundesligaspiele, Theater, Kinos, mehr Schulen	wenig Grün, wenig Spielmöglichkeiten für Kinder, weniger Platz
mehr Einkaufsmöglichkeiten	Leben meist teurer

SEITE 91 *Aufgabe 3* **Kurzerörterung: Ist es eher ein Vorteil oder ein Nachteil, in der Großstadt aufzuwachsen?**

Zum Beispiel: Meiner Ansicht nach ist es eher ein Nachteil, in der Großstadt aufzuwachsen. Zwar bietet die Stadt sehr viele Möglichkeiten auf verschiedenen Gebieten. Egal, ob man sich anhand eines Schaufensterbummels in der Fußgängerzone über die neuesten Modetrends informieren möchte oder ob man vielleicht gerade Lust auf einen Disko- oder Kinobesuch hat, in der Großstadt ist fast alles möglich. Es kommt hinzu, dass man wesentlich mobiler ist, denn man steigt einfach in den nächsten Bus oder in die nächste U-Bahn und kann ohne Führerschein relativ schnell und praktisch viele Orte erreichen.

Allerdings spricht auch vieles gegen die Großstadt. Ich denke, dass Kinder und Jugendliche, die auf dem Land oder in der Kleinstadt heranwachsen, eine glücklichere Kindheit und Jugend haben. Im Gegensatz zum Leben auf dem Land, wo jeder jeden kennt, fühlt man sich in der Großstadt anonym und einsam trotz oder vielleicht gerade wegen der vielen Menschen. Dies zeigt das Gedicht „Augen in der Großstadt" deutlich. Ein weiterer Gesichtspunkt ist, dass es wenig Grün gibt, sodass besonders für Kinder wenig Platz ist und es kaum Spielmöglichkeiten gibt.

SEITE 92–93 ÜBUNGSAUFGABE ZUM GEDICHT „WILLKOMM' UND ABSCHIED" VON JOHANN WOLFGANG GOETHE

1. Inhaltsangabe

Zum Beispiel: Bei dem Gedicht „Willkomm' und Abschied" von Johann Wolfgang Goethe handelt es sich um ein Liebesgedicht. Es besteht aus vier Strophen zu jeweils acht Versen. Das „Ich" sehnt sich nach seiner Geliebten und reitet noch am Abend aufgeregt über Feld und Flur zu ihr. Dieser Ritt durch die nächtliche Natur, die bedrohlich wirkt, wird in den ersten beiden Strophen sehr genau beschrieben. In der dritten Strophe kommt es dann zur Begegnung des Paares und in der vierten Strophe verabschieden sie sich wieder voneinander. Goethe beschreibt, wie der Titel schon sagt, zum einen die Ankunft des Liebenden und zum anderen den Abschied des Paares am nächsten Morgen. Die Gefühle wandeln sich dabei von Strophe zu Strophe: von der Angst vor der unheimlichen Natur über die Leidenschaft zur Freude und dann zum Abschiedsschmerz. Was in der Nacht passiert ist, wird ausgespart.

2. Äußere Gestalt und Sprache des Gedichts

Im Folgenden sind die wichtigsten Stichwörter zur Lösung der Aufgabe angegeben. In der Prüfung formulierst du in ganzen Sätzen.

Reim: in allen vier Strophen jeweils ein doppelter Kreuzreim (ababcdcd)

Teilweise mit unreinem Reim: „Eiche" (Zeile 5) und „Gesträuche" (Zeile 7), „Freude" (Zeile 17) und „Seite" (Zeile 19), „Frühlingswetter" (Zeile 21) und „Götter" (Zeile 23), „Blick"(Zeile 30) und „Glück" (Zeile 32)

Metrum: Jambus, vierhebig, wirkt dynamisch, passt zum Reiten

Erzählperspektive: Ein „Ich" spricht in der 1. Person Singular: „mein" (Zeile 1), „Ich hofft' es" (Zeile 24). Über die Geliebte wird in der 2. Person Singular gesprochen: „Dich" (Zeile 17), „du standst" (Zeile 29),

Zeitstufe: Vergangenheit/Präteritum: „schlug" (Zeile 1)

Symbol: „Herz" steht für Liebe, Leidenschaft, Gefühl. Es klopft nicht nur, es „schlug", „geschwind" (Zeile 1) – das „Ich" ist aufgeregt. Wiederholung dieses Symbols am Schluss in der Zeile 26 „Verengt der Abschied mir das Herz": das „Ich" wird traurig auf Grund des Abschieds. Weitere Symbole: „Feuer" in den „Adern" (Zeile 15) und „Glut" (Zeile 16), d. h., der Liebende ist wild und stürmisch.

Viele Personifikationen: „Der Abend wiegte" (Zeile 3), normalerweise wiegt man ein Kind in den Schlaf. Hier wiegt der Abend die Erde in den Schlaf. In Zeile 5: Die Eiche hat sich etwas angezogen, nämlich ein „Nebelkleid". Zeile 8: die Finsternis wird menschlich, denn sie kann „Mit hundert schwarzen Augen" sehen. Auch der „Mond" (Zeile 9) kann sehen, er sieht „kläglich aus dem Duft hervor" (Zeile 10) und die Winde haben „Flügel" (Zeile 11).

Viele Metaphern: „Und an den Bergen hing die Nacht" (Zeile 4), d. h., es ist noch nicht völlig dunkel, die Nacht legt sich um die Berge. Die Zeile 6 wirkt wie ein Vergleich, doch es fehlt das „wie". Die Eiche ist ein Riese und wirkt bedrohlich. Zeile 30: „mit nassem Blick", d. h. mit Tränen in den Augen, bedeutet Trauer, Weinen beim Abschied.

Farben und Wendepunkte: Farbadjektiv „schwarz" in Zeile 8 ist negativ, verstärkt Bedrohung durch die Umgebung. Weitere düstere Begriffe: „Nebel" (Zeile 5), „Finsternis" (Zeile 7), „kläglich" (Zeile 10), „schauerlich" (Zeile 12).

Zeile 14: Stimmungswechsel durch „Doch" eingeleitet. Dem Liebenden geht es gut, sein Mut ist „frisch" und „fröhlich".

Vor allem dann ab Zeile 17 verstärkt positiv: „milde Freude", „dem süßen Blick", „rosenfarbnes Frühlingswetter" – helle, frohe Farbe. Erst in der letzten Strophe beim Abschied wird die Stimmung wieder trüber: „Schmerz" (Zeile 28), „mit nassem Blick" (Zeile 30). Dieser Stimmungswechsel und auch der Wendepunkt der Ereignisse kündigt sich wieder an: „Doch ach" (Z. 25).

Enjambements von Zeile 5–8, 9–12, 13–14, 17–18, 19–20, 21–22, 25–26, 29–30.
Wiederholung und Variation in den Zeilen 15, 16 und 27, 28. Einmal mit dem Possessivpronomen „mein" auf das „Ich" bezogen und einmal mit dem Possessivpronomen „dein" auf die geliebte Person bezogen.
Anaphern in den Zeilen 1–2, 15–16, 27–28, 30–32
Eine **Variation**, spiegelbildlich angeordnet in der Zeile 31 und 32: „welch Glück, geliebt zu werden" (Passiv), „Und lieben, (...) welch ein Glück"(Aktiv).

3. Absicht des Autors und Wirkung des Gedichts
Zum Beispiel: Goethe stellt in seinem Liebesgedicht „Willkomm' und Abschied" die Sehnsucht und die Leidenschaft eines Liebenden dar, den es zu seiner Geliebten drängt. Er hält es nicht mehr aus und muss noch auf der Stelle aufbrechen, um seine Geliebte zu sehen. Dafür nimmt er einen weiten Weg nachts zu Pferde in Kauf. Außerdem stört es ihn auch nicht, dass er seine Geliebte nur ein paar Stunden treffen kann. Goethe stellt dar, wie der Liebende dabei eine Reihe gegensätzlicher Gefühle durchlebt. Goethe könnte mit seinem Gedicht ausdrücken wollen, dass Liebe die Menschen manchmal zu unvernünftigen Dingen verleitet und allein das Gefühl, zu lieben und geliebt zu werden, die Mühe wert ist. Für ihn zählt allein die Liebe.

4 a). Stellungnahme: Würde ich Goethes Liebesgedicht „Willkomm' und Abschied" in unserer nächsten Schülerzeitung abdrucken?
Zum Beispiel: Wenn in unserer nächsten Schülerzeitung Liebesgedichte abgedruckt werden sollten, würde ich es dort nicht abdrucken wollen. Einerseits kann ich mir dieses Gedicht sehr gut in einer Schülerzeitung vorstellen. Denn das Thema Liebe ist immer aktuell und ist für mich und wahrscheinlich auch für andere Jugendliche an unserer Schule ein wichtiges Thema. Auch das Gefühl, dass man einen weiten Weg für seine Freundin oder seinen Freund auf sich nehmen würde, ist nachvollziehbar.
Andererseits kann ich mir aber auch vorstellen, dass viele das Gedicht gar nicht verstehen, wenn sie es in einer Schülerzeitung nur einmal kurz überfliegen. Dafür ist die Sprache der damaligen Zeit zu schwierig und fremdartig. Außerdem werden viele Metaphern verwendet, sodass einem der Sinn des Gedichts erst einleuchtet, wenn man es, wie in einer Prüfung, genauer analysiert hat. Diese Gründe sprechen also eher dagegen, das Gedicht in einer Schülerzeitung zu veröffentlichen.

4 b). Brief an ein Beratungsteam einer Jugendzeitschrift
Zum Beispiel:

Groß Grünau, den 02.05.2003

Liebes Beratungsteam,
vor einigen Wochen war ich mit einigen Schülern meines Jahrgangs beim Schüleraustausch im französischen Tours. Meine Vorfreude hielt sich zunächst in Grenzen und auch auf der langen Busfahrt überwog ein mulmiges Gefühl. Doch das änderte sich bald. Denn nachdem der Reisebus auf dem Schulparkplatz vorfuhr, kam in mir eine gewisse Neugierde auf. Als wir nun ausgestiegen waren und uns die ersten Austauschschüler, so wie es ihre typisch französische Art ist, begrüßt und umarmt hatten, fiel mir ein Mädchen auf. Sie hat mir sofort gefallen, doch als sie dies bemerkte, wendete ich mich verlegen ab.
In den darauffolgenden zwei Wochen kamen wir uns bei verschiedenen Gelegenheiten immer näher, und obwohl es mit der Sprache einige Probleme gab, verstanden wir uns von Tag zu Tag besser. So richtig nahe kamen wir uns aber dummerweise erst am letzten Abend vor der Heimreise. Der Abschied am Tag darauf war grauenvoll. Mir war wirklich elend zu Mute. Das muss sogar den anderen Jungs aufgefallen sein, denn die ganze Busfahrt über zogen sie mich mit dummen Sprüchen auf.
Nun sitze ich wieder zu Hause und weiß nicht, was ich machen soll. Was soll ich nur tun? Ich kann doch nicht einfach nach Tours fahren? Was ist, wenn sie von mir jetzt vielleicht gar nichts mehr wissen will?

Bitte geben Sie mir einen Rat, was ich tun soll.
Lukas B. (16 Jahre)

SEITE 70

ZUM GEDICHT „WAS ES IST" VON ERICH FRIED

2. Äußere Gestalt und Sprache des Textes
In Erich Frieds Gedicht „Was es ist" sind nicht so viele formale und stilistische Besonderheiten wie beispielsweise in Gedichten Goethes zu finden:

- Es ist kein Reim vorhanden.
- Es ist kein durchgängiges Metrum erkennbar.
- Es sprechen acht menschliche Eigenschaften und Gefühle in der dritten Person Singular.
- Sie sagen, was Liebe ihrer Meinung nach ist.
- Es entsteht das Bild, dass sie miteinander diskutieren: „die Vernunft" (Zeile 2), „die Berechnung" (Zeile 6), „die Angst" (Zeile 8), „die Einsicht" (Zeile 10), „der Stolz" (Zeile 14), „die Vorsicht" (Zeile 16) und die „Erfahrung" (Zeile 18) auf der einen und dreimal „die Liebe" (Zeile 4, 12, 20) auf der anderen Seite.
- Wiederholung und Anapher: zehnmal „Es ist" (in allen Zeilen mit ungerader Nummerierung) und „sagt" (in allen Zeilen mit gerader Nummerierung), immer abwechselnd.
- Refrain: dreimal am Schluss einer jeden Strophe: „Es ist was es ist | sagt die Liebe" (Zeilen 3–4, 11–12, 19–20)
- Gegensatz: erster Begriff (Unsinn) betrifft den Verstand, zweiter Begriff (Liebe) betrifft das Gefühl. Dieses Muster wiederholt sich am Ende jeder Strophe.
- Variation: 2. und 3. Strophe: gleicher Aufbau, aber in der 2. Strophe steht eine Verstandestätigkeit, „die Berechnung" (Zeile 6), an erster Stelle, in der 3. Strophe steht ein Gefühl, „der Stolz", (Zeile 14).
- Enjambements: Immer zwei Verse bilden einen Zeilensprung, zehn Mal hintereinander, immer abwechselnd.

3. Absicht des Autors und Wirkung des Gedichts
Zum Beispiel: Es handelt sich hier zwar um ein Liebesgedicht, aber es besitzt weder eine Handlung noch ein Liebespaar oder einen verliebten Menschen, geschweige denn handelnde Personen. Stattdessen versucht Erich Fried zu definieren, was Liebe ist. Er lässt dabei bewusst die Antwort offen. Obwohl das Gedicht fast schon eintönig wirkt, ist es formal und stilistisch sehr kunstvoll angelegt. In dem Gedicht sagen sieben personifizierte Gefühle und Verstandestätigkeiten sowie menschliche Eigenschaften, wie sie Liebe erklären. Dabei fällt auf, dass sie vor der Liebe warnen, sie als lächerlich abtun oder sie sogar als etwas Negatives beschreiben. Am Schluss steht bei Fried immer die scheinbar sinnlose Antwort der personifizierten Liebe, die sagt, dass es keine Erklärung gibt. Dadurch wirkt das Gedicht positiv und beharrlich. Der Liebe sind alle Risiken, Gefahren, Nachteile, ja sogar Vorteile egal. Im Endeffekt zeigt Fried damit, dass Liebe gar nicht zu erklären und zu definieren ist. Man liebt einfach oder wird geliebt und man muss an die Liebe glauben, sie erleben und selbst dann kann man vielleicht höchstens sagen, wie Liebe ist, nicht jedoch, was sie ist.

4 a). Stellungnahme: Würde ich Erich Frieds Gedicht „Was es ist" in der nächsten Ausgabe der Schülerzeitung abdrucken?
Zum Beispiel: Sollten in unserer Schülerzeitung Liebesgedichte abgedruckt werden, würde ich gerne das Gedicht „Was es ist" von Erich Fried aufnehmen. Ich kann mir dieses Gedicht sehr gut in einer Schülerzeitung vorstellen, denn das Thema „Liebe" ist immer aktuell. Sowohl für mich als auch für andere Jugendliche an unserer Schule ist es ein wichtiges Thema. Darüber hinaus erinnert es an Rubriken, die man beispielsweise in Jugendzeitschriften finden kann. Dort geht es dann um den Vergleich „Liebe ist wie …". Ein weiterer Grund, der für das Gedicht spricht, ist, dass jeder, auch wenn er noch so jung ist, etwas dazu sagen kann. Denn es gibt ja auch die Liebe zu den Eltern, die Nächstenliebe und noch andere Formen der Liebe. Das Gedicht ist modern und in der heutigen Standardsprache verfasst. Es ist für den heutigen Leser verständlich und nicht kompliziert. Schon beim ersten Lesen glaubt man, dass man weiß, worum es im Gedicht geht. Erst bei näherer Analyse bemerkt man, dass das Gedicht sehr kunstvoll aufgebaut ist.

4 b). Ein eigenes Gedicht im Stil des Autors schreiben
Zum Beispiel:

KRIEG IST ES

Es ist Mord
sagt die Sanftmut
Es ist eben Krieg
sagt der Friede

Es ist der Tod
sagt der Verstand
Es ist nichts als Schmerz
sagt die Angst
Es ist ziemlich blutig
sagt die Pflicht
Es ist eben Krieg
sagt der Friede

Es ist ein Befehl
sagt der Hass
Es ist Pech
sagt die Einfalt
Es ist Macht
sagt die Gier
Es ist eben Krieg
sagt der Friede

Seite 78

Zum Gedicht „Augen in der Grossstadt" von Kurt Tucholsky

1. Inhaltsangabe

Zum Beispiel: In dem Gedicht „Augen in der Großstadt" von Kurt Tucholsky spricht jemand in der zweiten Person (du) mit sich selbst bzw. spricht die Lesenden an. Behandelt wird das Thema „Großstadt" in der morgendlichen „Rushhour" (Stoßzeit). Es besteht aus drei Strophen, wobei jede Strophe in drei Abschnitte von je vier Versen gegliedert ist. Diese sind auch grafisch unterschiedlich voneinander abgesetzt. Lediglich das Mittelstück der letzten Strophe hat sechs Zeilen. In dem Gedicht steht jemand mit Sorgen morgens, bevor er zur Arbeit geht, am Bahnhof in einer Großstadt und beobachtet dort die Hektik und das Menschengedränge. Er schaut dabei kurz jemandem in die Augen, doch innerhalb von Sekunden ist dieser Eindruck wieder vorbei. Schon die Überschrift hebt die kurze Begegnung mit Blicken hervor.

Bald zogen auch die Lehrer nach, obwohl sich einige anfangs dagegen wehrten. Später aber waren alle froh über die neue Stilordnung: Denn die schwierige morgendliche Frage, was man anziehen solle, erübrigte sich bald. „Sauber oder nicht war da nur noch die Frage", erzählt Thilo.

Ohne modisches Diktat

Zunächst gab es nämlich nur ein Kleiderset für jeden. Einen zweiten Satz konnte sich jeder günstig nachkaufen. Schließlich handelte es sich nicht um Markenprodukte. Nur die Winterjacken stammen von einem großen Sportartikelhersteller. Dass ausgerechnet diese Firma in einer bundesweiten Umfrage unter Jugendlichen als Top-Marke eingestuft wurde, scheint ein wenig widersinnig. Aber es stört in Herkenrath niemanden. „Wir wollen eine öffentliche Schule sein, die sich Modediktat und Labelzwang entzieht", sagt Direktorin Monika Thilo. Einen Verlust an Individualität befürchtet sie nicht. „Die Kleidung tritt zurück, die Persönlichkeit hervor." Thilo glaubt, dass die einheitliche Kleidung vor allem die modische Kluft zwischen wohlhabenden und ärmeren Kindern schließen kann. Zudem brauche niemand mehr für einen Kaschmirpulli zu jobben. Vor allem halte der Einheitslook die Jugendlichen davon ab, „mit Spagettiträgern alles raushängen zu lassen". Und auch bei den Jungs sitzen die Baggypants nicht mehr unter der Gürtellinie. Nicht ganz unwichtig in benimmfreudigen Zeiten.

Während des Probelaufs in der neunten Klasse sprachen einige von einem verbesserten Gemeinschaftsgefühl. Nur drei Schüler weigerten sich, Jeans und weiße Hemden zu tragen. Auch weil der Versuch manchen nicht weit genug ging. Sie hätten lieber schicke Blazer mit Anzughosen getragen, nach britischem Vorbild.

Am Montag beginnt das neue Schuljahr. Mit Uniformen. Für fast alle. „Die fünften Klassen dürfen erst mal rumlaufen, wie sie wollen", sagt Thilo. „Zur Eingewöhnung."

(aus: „Berliner Zeitung" vom 13./14.09.2003)

Einheitlicher Dresscode: Jeans, weißes Hemd und Strickjacke

Aufgabe 1

Löse die Teilaufgaben 1 und 2 zum Zeitungsbericht von Johannes Gernert (Inhaltsangabe, Beschreibung der äußeren Gestalt und Sprache des Textes). Schreibe auf eigene Blätter, so wie in der Prüfung. Beachte den Tipp in der Randspalte.

Tipp
Wenn du beim Lösen der Teilaufgaben 1 und 2 unsicher bist, sieh dir noch einmal die Übungsaufgaben an, die du auf den Seiten 8–19 gemacht hast.

Die Teilaufgabe 3 verstehen

Aufgabe 2

a) Lies den Merkkasten und die Information in der Randspalte daneben.
b) Markiere im Merkkasten wichtige Wörter und Wortgruppen, die dir sagen, was du tun sollst, um die Teilaufgabe 3 zu lösen.

Bei der Teilaufgabe 3 beantwortest du diese Fragen:
Zielgruppe:
- An wen richtet sich dieser Text?

Absicht des Autors:
- Worum geht es im Wesentlichen im Text?
- Was möchte der Autor / die Autorin den Lesenden mitteilen?
- Was möchte der Autor / die Autorin bei den Lesenden erreichen?

Wirkung auf die Lesenden:
- Wie wirkt der Text auf dich?
- Wodurch wird das erreicht?
- Ist das Thema aktuell und fühlst du dich angesprochen?

Am besten gehst du in der **Reihenfolge der Fragen** vor.

*Die „**Zielgruppe**" bilden diejenigen Menschen, an die sich ein Text richtet und die das Thema des Textes direkt betrifft. Die Zielgruppe einer Einladung zum Schulfest bilden z. B. Eltern, Schüler und deren Freunde.*

Die Zielgruppe benennen

Aufgabe 3

Lies den Text aktiv: markiere und kommentiere.

Aufgabe 4

An welche Zielgruppe richtet sich der Text? Beantworte die folgenden Fragen in ganzen Sätzen. Beachte die Erklärung neben dem Merkkasten und den Tipp links unten in der Randspalte.
- *Welche Personengruppe steht im Mittelpunkt des Textes?*
- *Wer könnte sich für den Text interessieren?*

Tipp
Grenze die Zielgruppe des Textes möglichst genau ein. Vermeide zu allgemeine Aussagen.

Die Absicht des Autors / der Autorin

Aufgabe 5

Was fällt dir an der Überschrift des Textes auf Seite 20 auf? Schreibe die Antworten in ganzen Sätzen in dein Heft. Der Merkkasten zu Sprachstilen auf Seite 14 hilft dir.

- *Ist die Überschrift ohne den Text verständlich?*
- *Was bedeutet sie?*
- *Wer spricht so?*

Aufgabe 6

Was betont der Vorspann? Beachte besonders die letzten vier Wörter des Vorspanns. Schreibe einen Satz in dein Heft.

Aufgabe 7

Was betont der Zwischentitel? Schreibe ganze Sätze in dein Heft.

Aufgabe 8

Beantworte die folgenden Fragen in Stichworten.

- Was ist das zentrale Thema des Textes?

- Wer hat über die neue Kleiderrichtlinie entschieden?

- Welche Kleidungsstücke werden getragen? Woher stammt die Idee?

- Wie gefielen den Lehrern und Schülern diese Kleidungsstücke?

Tipp

Stelle dir Fragen, die wichtige Punkte des Textes betreffen, und beantworte sie.

Aufgabe 9

Schreibe die Gründe für die neue Kleiderrichtlinie auf, die im Text auf Seite 20–21 genannt werden. Notiere Stichworte in dein Heft.

Aufgabe 10

Was möchte der Autor mit dem Text bei den Lesenden erreichen?
a) Lies den Text noch einmal. Achte dabei auf Formulierungen, die die Absicht des Autors verraten.
b) Beantworte die Fragen aus dem Merkkasten. Schreibe ganze Sätze in dein Heft.

Die **Formulierungen** des Autors / der Autorin geben manchmal Antwort auf die folgenden Fragen:
- Auf wessen Seite steht der Autor / die Autorin?
- Unterstützt er/sie eine bestimmte Meinung?
- Möchte er/sie überzeugen und nennt deshalb Argumente?
- Nennt er/sie auch Gegenargumente und regt so zum Nachdenken an?
- Kritisiert der Autor / die Autorin etwas?

Aufgabe 11

Welche Absicht könnte der Autor mit dem Text „No Logo" verfolgen? Kreuze die passenden Antworten an.

Der Autor will:

- ☐ zum Nachdenken anregen.
- ☐ zum Umdenken anregen.
- ☐ über einen Sachverhalt informieren.
- ☐ zur Meinungsbildung beitragen.
- ☐ die Lesenden gut unterhalten.
- ☐ Gedanken und Gefühle auslösen.
- ☐ anklagen.
- ☐ pauschale Urteile verhindern.
- ☐ an die Lesenden appellieren (sich an die Lesenden wenden, sie zu etwas aufrufen).

Aufgabe 12

Schreibe einen zusammenhängenden Text zu der Frage: Welche mögliche Absicht verfolgt der Autor des Textes „No Logo"? Verwende dazu deine Ergebnisse aus den Aufgaben 4–10. Schreibe in dein Heft.

Die Wirkung des Textes

Aufgabe 13

Wie wirkt die Überschrift „No Logo" auf dich? Spricht sie dich an? Wer spricht so? Schreibe in ganzen Sätzen in dein Heft. Begründe deine Aussage.

Aufgabe 14

Wie wirkt der Text auf dich?
a) Unterstreiche unten die passenden Adjektive.
b) Schreibe anschließend in ganzen Sätzen, wie der Text auf dich wirkt und warum er so wirkt. Beachte den Tipp in der Randspalte.

anziehend, abstoßend, einseitig, vielseitig, beruhigend, beunruhigend, belehrend, interessant, langweilig, nachdenklich, provokativ, freundlich, kritisch, spöttisch, positiv, negativ

Tipp
Du kannst dich auch kritisch zum Text äußern, z. B.: Der Text wirkt auf mich einseitig, denn es werden nur Argumente für die Kleiderrichtlinie genannt.

Aufgabe 15

Über Schuluniformen wird oft diskutiert. Ist das Thema für dich aktuell? Erstelle in deinem Heft einen Cluster zu dieser Frage. Der untere Tipp in der Randspalte hilft dir. So könntest du beginnen:

Tipp
Einen Cluster legst du an, indem du zu einem Stichwort, z. B. zu „Schuluniformen", weitere sammelst. Zusammengehörende Stichworte verbindest du mit Linien.

Aufgabe 16

Beantworte nun die folgenden Fragen in ganzen Sätzen:
- *Ist das Thema aktuell?*
- *Fühlst du dich angesprochen?*

Meine Bearbeitungszeit für die Teilaufgabe 3:

Aufgabe 17

Löse nun die Teilaufgabe 3 von Seite 20 mit Hilfe deiner Ergebnisse aus diesem Kapitel. Schreibe auf eigene Blätter, so wie in der Prüfung. Die Formulierungsvorschläge im Kasten helfen dir.

Zielgruppe des Textes sind ...
Das zeigt sich daran, dass ...
Dieses Thema ist interessant für ..., denn ...
Die Absicht des Autors/der Autorin ist, zu informieren und ...
Das wird daran deutlich, dass ...
Im Mittelpunkt des Textes stehen ...
Es geht um ...
Der Text wirkt auf mich ..., weil ...
Das Thema ist aktuell/nicht aktuell, weil ...
Das Thema spricht mich an, denn ...
... aus diesem Grunde fühle ich mich angesprochen.

Aufgabe 18

Kopiere die Checkliste auf Seite 96 und überarbeite deine Lösung aus Aufgabe 17 mit Hilfe der Liste.

ZU SACHTEXTEN SCHREIBEN

Eine Stellungnahme oder einen Artikel schreiben

DIE PRÜFUNGSAUFGABE

Lies den Artikel „No Logo“ von Johannes Gernert aus der „Berliner Zeitung“ sorgfältig durch und bearbeite dann die folgenden Teilaufgaben. Bei der Teilaufgabe 4 musst du a) oder b) wählen.

Teilaufgabe 1: Gib den Inhalt des Textes in eigenen Worten wieder.
Teilaufgabe 2: Beschreibe die äußere Gestalt und die Sprache des Textes.
Belege deine Aussagen mit Textzitaten.
Teilaufgabe 3: Untersuche die mögliche Absicht des Autors und die Wirkung des Textes.

Teilaufgabe 4: a) Nimm Stellung zu dem Plan der Realschule in Herkenrath, eine Kleiderrichtlinie einzuführen. Nimm dabei Bezug auf die Aussagen im Text.
Oder:
b) Du bist Schulsprecher der Realschule in Herkenrath. Du stellst den neuen fünften Klassen das Projekt „Kleiderrichtlinie“ vor. Schreibe einen Artikel für die Informationswand der Schule, in dem du die Idee vorstellst und über den Verlauf des Projektes berichtest.

Den Text findest du auf den Seiten 20–21.

Sieh dir bei der Teilaufgabe 4 die Aufgaben a) und b) an und überlege genau, was sie von dir verlangen. ***Entscheide dich*** *dann* ***für eine*** *der beiden.*

Die Teilaufgabe 4 a) verstehen

Aufgabe 1

a) Was verlangt die Teilaufgabe 4 a) von dir? Kreuze die richtige Antwort an.
b) Korrigiere dein Ergebnis mit Hilfe des Lösungsheftes.

☐ • Ich muss die Meinung des Schülerrates zur Schuluniform wiedergeben. Ich ergänze eigene Pro- und Kontra-Argumente.

☐ • Die Aufgabe verlangt von mir, dass ich meine eigene Meinung zur vorgeschlagenen Schuluniform aufschreibe. Ich beziehe mich dabei auf Argumente des Textes.

☐ • Meine Meinung über Schuluniformen wird verlangt. Der vorliegende Text spielt dabei keine Rolle.

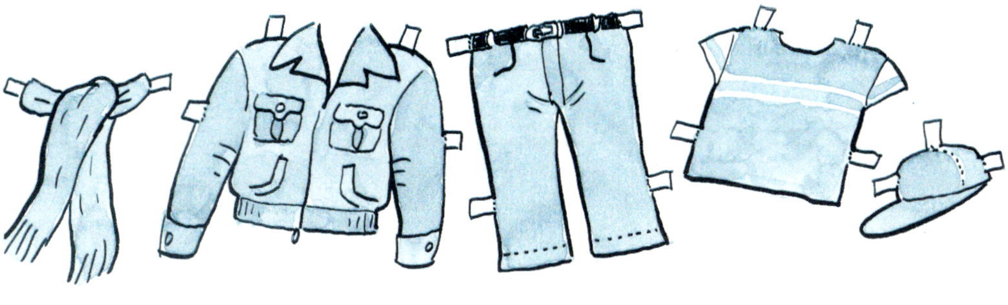

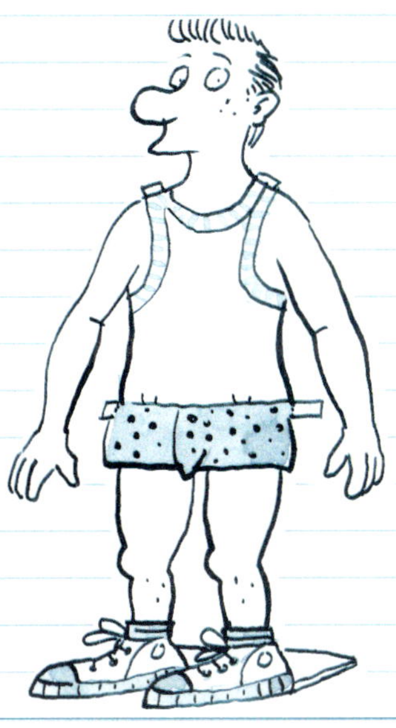

Eine Stellungnahme vorbereiten

Aufgabe 2

Was ist der Sinn der Kleiderrichtlinie? Schreibe den Satz aus dem Text „No Logo" als Zitat heraus, in dem die Direktorin das Hauptziel der neuen Kleiderordnung an der Schule benennt.

Aufgabe 3

Welche Erfahrungen hast du mit dem Tragen von Markenkleidung gemacht? Notiere Stichworte in dein Heft. Der folgende Merkkasten hilft dir.

Tipp
So kannst du immer vorgehen, wenn du dir darüber klar werden möchtest, ***wie deine Meinung zu einem Thema ist.*** *Auf diese Weise findest du auch Gründe für deine Meinung.*

So kannst du dir eine eigene Meinung bilden:

- Überlege, welche **Erfahrungen** du mit dem Thema hast.
  Versetze dich in die Situation, um die es geht: Wie fühlst du dich?
  Und wie könnten sich **andere** fühlen?
  Zum Beispiel: *Wie würdest du dich/wie würden andere sich jeden Tag in der Schuluniform fühlen?*
- **Was findest du gut** und was schlecht an der Situation?
- Welche Gründe könnten **andere** von deiner Meinung **überzeugen**?
- **Notiere alle Gründe und Gedanken** in Stichpunkten.
- Suche evtl. **Begründungen im Text** und überlege, ob du sie zutreffend findest.
- Formuliere im ersten Satz deine Meinung. Begründe sie dann in ganzen Sätzen.

Aufgabe 4

Beantworte die folgenden Fragen in ganzen Sätzen in deinem Heft. Formuliere die Antworten als eigene Meinung. Vorschläge für Formulierungen findest du unten im Kasten.

- *Würdest du viel Geld für Kleidung ausgeben?*
- *Sieht Markenkleidung besser aus als andere Kleidung, besonders als solche, die man als Uniform tragen könnte?*
- *Sehen Menschen in Uniformen gleich aus?*
- *Welche Unterschiede zwischen Menschen kann man sehen, obwohl sie Uniformen tragen?*
- *In welcher Kleidung fühlst du dich wohl? Ist sie für eine Uniform geeignet?*

Ich finde, ...	Ich persönlich würde (lieber) ...
Meiner Meinung nach ...	Ich glaube, ...

Aufgabe 5

Bist du für oder gegen die Einführung von Schuluniformen?
Formuliere deine Meinung in einem Satz und begründe sie mit zwei passenden Sätzen aus Aufgabe 4. Hier sind Vorschläge für Formulierungen. Schreibe in dein Heft.

Denn ...	Aus diesem Grunde finde ich, dass ...
Ein wichtiger Grund für mich ist ...	Denn ich denke, dass ...

Aufgabe 6

a) Unterstreiche im Text „No Logo" die Begründungen für die Kleiderrichtlinie farbig.
b) Schreibe die Begründungen aus dem Text in Stichworten auf.

1. praktische und konsensfähige Kleidung
2. __________
3. __________
4. __________
5. __________
6. __________
7. __________

Eine Stellungnahme schreiben

So schreibst du eine Stellungnahme:

- Beziehe dich im **ersten, einleitenden Satz** auf das **Thema**, wie es in der Teilaufgabe formuliert ist. Schreibe in diesem ersten Satz auch deine **Meinung**, z. B.: *Den Plan der Gesamtschule in Grünau, ein Biotop im Schulhof einzurichten, finde ich gut.*
- **Begründe deine Meinung.** Je nach Aufgabenstellung kannst du dich auch auf Gründe aus einem Text beziehen.
- **Nenne Beispiele.**
- **Ordne die Gründe** mit Beispielen vom unwichtigsten zum wichtigsten. Deine eigene Begründung sollte bei den wichtigsten Gründen am Schluss stehen.

Tipp
Du kannst die Gründe auch vom wichtigsten zum unwichtigsten anordnen. Deine eigene Begründung steht dann am Anfang.

Aufgabe 7

a) Lies den Merkkasten und den Tipp daneben.
b) Vervollständige den ersten einleitenden Satz.

Den Plan der __________ in __________, im neuen Schuljahr eine Kleiderrichtlinie einzuführen, finde ich __________.

Tipp
Es ist möglich, dass du zwar für Schuluniformen bist, aber die Gründe im Text nicht zutreffend findest. Schreibe dann, warum du die Gründe des Textes nicht gut findest, nenne Beispiele und führe dann eigene Gründe für Schuluniformen an.

Aufgabe 8

Nach dem Einleitungssatz schreibst du in einem allgemeinen Satz, wie du die Begründungen im Text insgesamt beurteilst. Schreibe mit Hilfe der Formulierungen einen Satz. Beachte den Tipp in der Randspalte.

Die Gründe, die im Text „…" für … / gegen … genannt werden, finde ich (im Großen und Ganzen) überzeugend / nicht überzeugend.
Die Gründe, die der Text „…" anführt, sind meiner Meinung nach zutreffend / nicht zutreffend.
Die Begründungen im Text „…" halte ich für einleuchtend / nicht einleuchtend.

Beachte:
Wenn du gegen die Kleiderrichtlinie bist, mache bei Aufgabe 9 B weiter.

Tipp
Wie du richtig zitierst, kannst du auf Seite 47 nachlesen.

Aufgabe 9 A: Wenn du für die Kleiderrichtlinie bist

a) In der Aufgabe 6 a) hast du die Textstellen für die Kleiderrichtlinie unterstrichen. Wähle diejenigen Begründungen aus, die du persönlich richtig findest. Schreibe die Textstellen als Textzitate in dein Heft. Lasse unter jeder Textstelle einige Zeilen frei.
b) Finde Beispiele, die diese Begründungen erläutern. Schreibe sie in ganzen Sätzen unter die Textstellen. So könnte dein Hefteintrag aussehen:

Textstelle: „(…) dass die einheitliche Kleidung vor allem die modische Kluft zwischen wohlhabenden und ärmeren Kindern schließen kann." (Zeile 54–57)
Beispiel: So wird zum Beispiel der Unterschied zwischen Markenpullovern und billigen Strickjacken aus dem Supermarkt nicht mehr sichtbar sein.

Aufgabe 9 B: Wenn du gegen die Kleiderrichtlinie bist

a) In der Aufgabe 6 a) hast du die Textstellen für die Kleiderrichtlinie unterstrichen. Wähle diejenigen Begründungen aus, die du persönlich falsch findest. Schreibe die Textstellen als Textzitate in dein Heft. Lasse unter jeder Textstelle mehrere Zeilen frei.
b) Begründe in wenigen Sätzen, warum du die Textaussagen falsch findest. Schreibe die Begründungen unter die Textzitate.
c) Finde Beispiele, die diese Begründungen erläutern. Schreibe sie in ganzen Sätzen unter die Begründungen. So könnte dein Hefteintrag aussehen:

Textstelle: „Das ‚praktische und konsensfähige Outfit'" (Zeile 25–26)
Begründung dagegen: Nicht jeder findet die gleiche Kleidung praktisch.
Beispiel: Für dickere Menschen können Jeans unbequem sein.

Wenn du dich auf einzelne Begründungen des Textes beziehst, formuliere eindeutig: Mache Begründungen aus dem Text durch **Zitate** und durch **Formulierungen** kenntlich, wie:
Einer der wichtigsten Gründe **des Textes** ist meiner Meinung nach ...
Zweitens / Zum anderen finde ich, dass „...“**(Zeile)** ...
Mit der Begründung, dass „...“ **(Zeile)** stimme ich/stimme ich nicht überein.

Aufgabe 10

a) Lies den oberen Merkkasten.
b) Schreibe die Begründungen für die Kleiderrichtlinie aus Aufgabe 9 A oder deine Begründungen dagegen aus Aufgabe 9 B mit den Textstellen in dein Heft. Lasse hinter jeder Begründung einige Zeilen für deine Beispiele frei. Formuliere dabei wie im Merkkasten angegeben. So könnte dein Hefteintrag aussehen:

Die Begründung des Textes, dass „die einheitliche Kleidung vor allem die modische Kluft zwischen wohlhabenden und ärmeren Kindern schließen kann“ (Zeile 54–57), finde ich wichtig.

für die Kleiderrichtlinie

Oder:

Zum einen finde ich, dass Uniformen kein „praktisches Outfit“ (Zeile 25–26) sind. Denn nicht jeder findet die gleiche Kleidung praktisch.

gegen die Kleiderrichtlinie

c) Schreibe zu den Begründungen auch die passenden Beispiele in ganzen Sätzen auf. Die Formulierungsvorschläge in der Randspalte helfen dir.

Formulierungen:
- *Das lässt sich daran erkennen, dass ...*
- *Zum Beispiel ...*
- *Ich möchte dies an folgendem Beispiel zeigen: ...*
- *Ein Beispiel ist ...*

Aufgabe 11

Überlege dir eigene Begründungen mit Beispielen für oder gegen die Kleiderrichtlinie. Du kannst deine Lösungen zu den Aufgaben 3–5 verwenden. Schreibe in ganzen Sätzen in dein Heft. Achte auf die Formulierungen.

Aufgabe 12

Nummeriere alle Begründungen aus Aufgabe 10 nach ihrer Wichtigkeit, vom Unwichtigsten zum Wichtigsten. Stelle deine eigene Begründung aus Aufgabe 11 ans Ende; sie sollte sich schlüssig an die vorangegangenen Begründungen anfügen.

Aufgabe 13

Löse nun die Teilaufgabe 4 a) von Seite 27, indem du deine Ergebnisse aus den Aufgaben 10, 11 und 12 aufschreibst. Formuliere deine Meinung am Anfang. Nenne deine Begründung erst am Ende, nach den wichtigsten Gründen.
Schreibe auf eigene Blätter, so wie in der Prüfung.

Meine Bearbeitungszeit für die Teilaufgabe 4 a):

Aufgabe 14

Kopiere die Checkliste auf Seite 96 und überarbeite deine Lösung aus Aufgabe 13 mit Hilfe der Liste.

Die Teilaufgabe 4 b) verstehen

Aufgabe 1

Was verlangt die Teilaufgabe 4 b) von dir?
a) Unterstreiche im Rahmen auf Seite 27 die wichtigsten Wörter der Aufgabenstellung.
b) Vervollständige in den folgenden Sätzen, was du bei der Teilaufgabe 4 b) tun sollst.

Ich schreibe als ______________________ der Realschule in Herkenrath in Form eines ______________________ für die Informationswand der Schule über die ______________ und den ______________ des Projekts „Kleiderrichtlinie".

Die Perspektive beachten

Wenn du einen Artikel schreibst, kläre zuerst diese Fragen:
- Aus welcher Sicht schreibst du den Artikel?
- Wen sprichst du mit dem Artikel an?
- Was willst du mitteilen und in welcher Reihenfolge?
- Wie kannst du das Interesse der Leser wecken?

Aufgabe 2

Den Artikel sollst du aus der Sicht des Schulsprechers schreiben.
Wie müssen die folgenden Sätze aus der Sicht des Schulsprechers lauten?
Forme die Sätze um und vereinfache sie. Beachte den Tipp in der Randspalte.

Tipp
Schreibe klar und einfach, damit die fünften Klassen den Artikel verstehen. Schreibe in der Wir-Form.

Die modische Einheitsidee hatten die Schüler der Herkenrather Schule selbst.

Die Idee, modische und für alle gleiche Kleidung zu tragen, hatten wir selbst.

Der Schulsprecher möchte die fünften Klassen über den Verlauf des Projekts informieren.

Als Schulsprecher möchte ich ______________________

____

An der Herkenrather Schule wurde die Kleiderrichtlinie von unten nach oben beschlossen. Die Schüler haben entschieden. Die Lehrer machten mit.

____

____

____

Alle Schüler können sich ein zweites Kleiderset günstig nachkaufen.

Notizen zum Inhalt eines Artikels machen

Aufgabe 3

Welche Punkte aus dem Text „No Logo" willst du in deinem Artikel den fünften Klassen mitteilen?
Lies den Text „No Logo" nochmals und markiere die Punkte, die du in deinen Artikel übernehmen willst. Der Merkkasten auf Seite 34 hilft dir.

Aufgabe 4

a) Lies die folgende Stichpunktsammlung für den Artikel sorgfältig.
b) Überlege, welche Stichpunkte wichtig für deinen Artikel sind. Streiche alle Vorschläge durch, die falsch sind oder die nicht in deinen Artikel passen.
c) Ergänze eigene Stichpunkte.

- ☐ • Beschluss des Schülerrates: „Keine Marken mehr im neuen Schuljahr."
- ☐ • neuer Gemeinschaftslook: Jeans, weißes Hemd, schwarze Strickjacke
- ☐ • Outfit wurde auf Modenschau vorgestellt
- ☐ • zustimmende Haltung der Direktorin
- ☐ • modische Idee von uns selbst
- ☐ • Models wurden engagiert
- ☐ • sich der Kleiderrichtlinie verweigern
- ☐ • Haltung der Lehrer
- ☐ • Probelauf 9. Klasse
- ☐ • einheitliche Kleidung schließt Kluft zwischen Wohlhabenden und Ärmeren
- ☐ • morgendliche Kleidungsfrage entfällt
- ☐ • verbessertes Gemeinschaftsgefühl
- ☐ • Persönlichkeit wichtiger als Kleidung
- ☐ • kein Jobben für Klamotten
- ☐ • öffentliche Schule, die sich Modediktat entzieht
- ☐ • britisches Vorbild

Einen Artikel gliedern

So kannst du das Projekt schriftlich vorstellen:
Beschreibe die Idee, indem du diese Fragen beantwortest:
- Was wurde entschieden?
- Wie sieht das Ergebnis aus?
- Welche Gründe sprechen dafür, welche Vorteile gibt es?
- Sprechen Gründe dagegen?

Beschreibe den Verlauf des Projekts, indem du diese Fragen beantwortest:
- Wer hat entschieden?
- Was geschah der Reihe nach?
- Wer nimmt teil, wer nicht?
- Wie ist die Haltung der Betroffenen, hier z. B. auch der Lehrer und der Direktorin?

Aufgabe 5

a) Lies den Merkkasten.
b) Markiere bei der Aufgabe 4 mit zwei verschiedenen Farben, welche Stichpunkte zur Idee und welche zum Verlauf des Projektes gehören.
c) Ordne und nummeriere die Stichworte auf Seite 33 in einer sinnvollen Reihenfolge: zuerst die Idee, dann der Verlauf des Projekts.
d) Schreibe die Stichworte in der neuen Reihenfolge hier auf.

Idee des Projektes: 1. Beschluss des Schülerrates:

Einen Artikel schreiben

Das Interesse deiner Leser wecken kannst du:
- mit einer knappen und ungewöhnlichen Überschrift.
- mit einem besonderen Einleitungssatz, der die Aufmerksamkeit fesselt.
- indem du die richtige Form der Anrede wählst.
- indem du Wünsche oder Sorgen deiner Leser ansprichst. Das kannst du besonders gut im Einleitungssatz.

Tipp
In deinem Artikel sollst du das Projekt „Kleiderrichtlinie" nur vorstellen. Du sollst nicht dazu auffordern mitzumachen.

Aufgabe 6

a) Lies den oberen Merkkasten und den Tipp daneben.
b) Suche eine passende Überschrift für deinen Artikel.

Aufgabe 7

Wie kannst du die Wünsche oder Sorgen der Schüler aus den fünften Klassen ansprechen? Schreibe zu jeder Idee in der Randspalte einen Einleitungssatz auf. Die folgenden Formulierungvorschläge helfen dir.

Sicher habt ihr schon gehört, dass ...
Seid ihr etwa ...?
Wer von euch hat nicht schon gedacht: ...?
Wollt ihr ...?

- *nicht nur durch Kleidung auffallen?*
- *Schick-Sein ist nicht alles!*
- *Taschengeld sparen?*
- *reich wie die Könige?*

Aufgabe 8

Löse nun die Teilaufgabe 4 b) von Seite 27. Verwende deine Ergebnisse aus den Aufgaben 1–7. Schreibe auf eigene Blätter, so wie in der Prüfung.

Meine Bearbeitungszeit für die Teilaufgabe 4 b):

Aufgabe 9

Kopiere die Checkliste auf Seite 96 und überarbeite deine Lösung der Aufgabe 8 mit Hilfe der Liste.

Übungsaufgabe

Bearbeite den folgenden Text so, wie du es in diesem Kapitel gelernt hast. Schreibe auf eigene Blätter, so wie in der Prüfung.

Tipp
Zur weiteren Übung kannst du unter Prüfungsbedingungen einen Aufsatz schreiben. Am Anfang ist es leichter, wenn du das Arbeitsheft danebenlegst und jeweils die Seiten aufschlägst, die du gerade zum Lösen brauchst.

DIE PRÜFUNGSAUFGABE

Lies den Artikel „Britische Schulschwänzer" aus dem Onlinemagazin „Der Spiegel" sorgfältig durch und bearbeite dann die folgenden Aufgaben. Bei der Aufgabe 4 musst du a) oder b) wählen.

1: Gib den Inhalt des Textes in eigenen Worten wieder.

2: Beschreibe die äußere Gestalt und die Sprache des Textes. Belege deine Aussagen mit Textzitaten.

3: Untersuche die mögliche Absicht des Autors und die Wirkung des Textes.

4: a) Schreibe deine eigene Meinung zu den Maßnahmen der Labour-Regierung, mit denen sie gegen steigende Schulschwänzerzahlen vorgeht. Nimm Bezug zu den Aussagen im Text und beziehe dich auch auf eigene Erfahrungen.

Oder:

b) Auch in Deutschland folgen immer mehr Eltern dem britischen Vorbild und fahren während der Schulzeit in den Urlaub. Äußere Vorschläge, wie dieses Problem in Deutschland gelöst werden kann.

BRITISCHE SCHULSCHWÄNZER
Einsitzen statt eincremen

Eltern haften für ihre Kinder – manchmal ganz wörtlich: Großbritannien macht jetzt kurzen Prozess mit Eltern, die ihre Kinder die Schule schwänzen lassen, um mit ihnen den Urlaub zu genießen. Die Höchststrafe per Schnellgericht lautet „Ab in den Knast". Die ersten Prozesse laufen derzeit.

Britische Schüler: „Null-Toleranz" bei Drückebergern

Von Jochen Leffers

Gleich neun Familien stehen in Thurrock in der britischen Grafschaft Essex vor einem Schnellgericht, weil sie während der Schulzeit mit ihren Kindern in die Ferien gefahren sind. Die 13 betroffenen Kinder sind zwischen zehn und 16 Jahre alt. Das Schulamt wirft den Eltern vor, sie seien für das unentschuldigte Fehlen ihrer Kinder verantwortlich.

Wird es in Essex bald nur noch scheinbar verwaiste Kinder geben, weil ihre Eltern einsitzen? Sollen sie dann allein auf Spielplätzen herumirren und sich ihre Pausenbrote selbst schmieren? Schulschwänzen kann für die Eltern schwere Folgen haben: Werden sie in einem Schnellgerichtsverfahren für schuldig befunden, müssen sie mit Geldstrafen von bis zu 2500 Pfund (3800 Euro) rechnen. Wer das nicht bezahlen kann oder will, kann die Strafe auch absitzen – drei Monate Haft können es dann schon werden.

Ist irgendjemand hier?

Die Labour-Regierung kämpft mit harten Bandagen[1] gegen steigende Schulschwänzerzahlen. Rund 50.000 Schüler pro Tag tauchen erst gar nicht in ihrer Schule auf,

[1] mit harten Bandagen: mit harten Mitteln

oft auch mit dem Einverständnis der Eltern. In Thurrock wird der Anteil der Eltern, die lieber mit ihren Kindern nach Mallorca fliegen, als sie in die Schule zu schicken, auf 20 Prozent geschätzt.

Das neue Schnellgerichtsverfahren wird derzeit in neun Schulbezirken Englands erprobt. Im September soll das Verfahren landesweit ausgedehnt werden.

Tracy Hornsby zum Beispiel ist sich keiner Schuld bewusst: Ihre 15-jährige Tochter sei in der Schule schikaniert worden. Außerdem habe sie inzwischen eine Phobie gegen die Schule, die Kinder dort seien gewalttätig und würden Drogen verkaufen. „Ich denke nicht, dass die Schule eine sichere Umgebung ist", sagt Tracy Hornsby.

„Null-Toleranz" gegenüber Blaumachern

„Der Grund, warum wir gegen Schulschwänzer vorgehen, sind die Folgen für das Kind", entgegnet ein Schulamtssprecher. „Nur etwa acht Prozent der Schulschwänzer schreiben einigermaßen akzeptable Abschlussprüfungen, ein Drittel bekommt überhaupt keinen Abschluss."

Unterdessen ruft Kultusminister Ivan Lewis zur „Null-Toleranz" gegenüber Eltern auf, die ihren Kindern das Schulschwänzen erlauben, nur um günstiger in den Urlaub zu fahren. Das sei auf jeden Fall ein Regelbruch. Es gehe gerade um solche Fälle und nicht nur um Schüler, die in Einkaufszentren unterwegs seien, statt die Schulbank zu drücken. Die Regierung erlaubt in einem neuen Gesetz inzwischen auch Schuldirektoren, diesen Eltern Strafen aufzuerlegen. Die Meinungen dazu sind geteilt. „Natürlich will ich diesen Eltern kein Bußgeld aufbürden", sagt zum Beispiel Jim Collins, Schulleiter des New College in Leicester, „ich denke, dass Bußgelder nur die Eltern verprellen würden, die versuchen wollten, enger mit der Schule zusammenzuarbeiten." Auch Freda Hussain, Schulleiterin des Moat Community College in Highfields, bemüht sich um Flexibilität: „Wir ermutigen Eltern nicht, mit ihren Kindern während der Schulzeit in die Ferien zu fahren. Ungewöhnliche Umstände erkennen wir aber an." Am Ellesmere College in Leicester glaubt man, eine Lösung für das Problem gefunden zu haben: Für den 12-jährigen Nicusor stellte die Schule einen Lernplan auf, den er in den außerplanmäßigen Ferien auf Malta zu erledigen hat. „Wir fahren für vier Wochen nach Malta", erklärt seine Mutter Geraldine Muldoon-Norman, „es ist zu dieser Zeit viel billiger, und das Wetter ist gut."

Viele Eltern schulpflichtiger Kinder argumentieren ähnlich: In den Ferien sind Hotels und Flüge teuer, außerhalb der Ferienzeit können sie sich einen Urlaub besser leisten. So einfach werden die Eltern der 13 Schüler aus Essex wohl vor Gericht nicht davonkommen. Ein Urteil wird für April erwartet. Die Stadt Thurrock will aber im März noch etwa 25 weitere Fälle vor Gericht bringen.

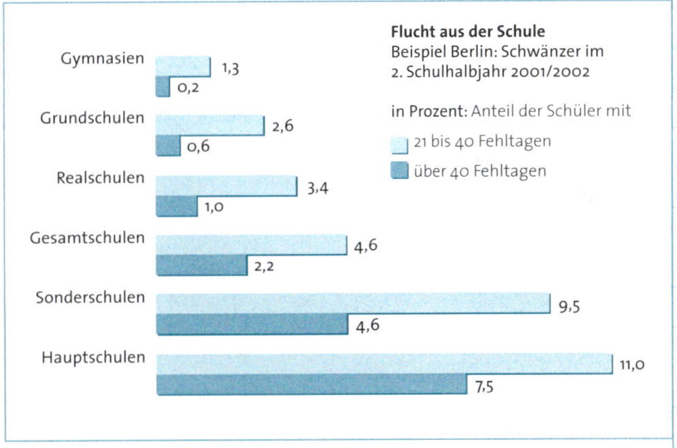

Flucht aus der Schule – auch in Deutschland ein Problem

Auch in Deutschland gehen die Behörden inzwischen mit rabiateren Methoden gegen hartnäckige Schulverweigerer vor – vom Polizeieinsatz über Geldstrafen bis zur Kindergeldkürzung für die Eltern.

(aus: SPIEGEL-ONLINE vom 28.02.2003)

ZU PROSATEXTEN SCHREIBEN

Inhaltsangabe

Die Prüfungsaufgabe könnte lauten:

Lies die Kurzgeschichte „Sommerschnee" von Tanja Zimmermann sorgfältig durch und bearbeite dann die folgenden Teilaufgaben. Bei der Teilaufgabe 4 musst du a) oder b) wählen.

Hier kannst du üben, wie du die Teilaufgabe 1 bearbeitest.

Teilaufgabe 1: Gib den Inhalt des Textes in eigenen Worten wieder.

Teilaufgabe 2: Beschreibe die äußere Gestalt sowie die Sprache des Textes. Belege deine Aussagen mit Beispielen aus dem Text.
Teilaufgabe 3: Untersuche die mögliche Absicht der Autorin und die Wirkung des Textes. Stelle auch einen Bezug zur Überschrift her.
Teilaufgabe 4: a) Schreibe eine Figurencharakteristik der jungen Frau aus der Kurzgeschichte „Sommerschnee".
Oder:
b) Versetze dich in die Lage der jungen Frau: Stelle dir vor, dass du am Abend in deinem Zimmer sitzt und über die Ereignisse des Tages nachdenkst. Verfasse einen Tagebucheintrag, in dem du deine Gedanken und Gefühle über deine Erlebnisse an diesem Tag schilderst.

Tanja Zimmermann: **Sommerschnee**

Mir ist alles so egal, ich fühle mich gut.

Der Regen macht mir nichts aus, meine Stiefel sind durchweicht, die Bahn kommt nicht. Neben mir hält ein Mercedes: „Engelchen, ich fahre dich nach Hause."

Ich hab keine Angst, setze mich einfach neben eine alte Frau, fühle mich sicher, mir kann nichts passieren! In der Bahn stehe ich eingequetscht zwischen nassstinkenden Persianermänteln und grauen Anzugmännern. Die Bahn bremst, eine dicke Frau fällt gegen mich, drückt mich an die Fensterscheibe. Die Leute fluchen, beschimpfen den Fahrer. Ich lache.

Beim Aussteigen drängt jeder den anderen, ich lasse mich treiben, bin glücklich, denke nur an dich!

An der Ampel merke ich, dass ich zu laut singe. Eine Mutter mit Kinderwagen lacht mich an, eine aufgetakelte Blondine mustert mich von oben bis unten. Ich weiß, ich bin klitschnass, meine weiße Hose ist nach fünf Tagen eher dunkelgrau, doch ich weiß, dass sie dir gefällt. Meine Haare hängen nass und strähnig auf meine Schultern.

Du hast gesagt, du hast dich schon am ersten Tag in mich verliebt, und da hatte ich auch nasse Haare.

Ich laufe schnell über die Straße, leiste mir eine Packung Filterzigaretten, kaufe welche, die mir zu leicht sind, die du am liebsten magst.

Ein grelles Quietschen. Ein wütender Autofahrer brüllt, ob ich Tomaten auf den Augen hätte. Ich lache und beruhige ihn mit einem „Kommt nicht noch mal vor". An einem Schaufenster bleibe ich trotzdem stehen, zupfe an meinen Haaren herum, ziehe die Hose über meine Stiefel, will dir ja gefallen. Ich will dir ja sogar sehr gefallen!

Auf der Apothekenuhr ist es fünf. Ich laufe quer über die nasse Wiese. Schliddere mehr, als dass ich laufe. Aber ich will dich nicht warten lassen, ich kann das auch nicht. Ich werde dann von Minute zu Minute nervöser, also laufe ich. Bevor ich schelle, atme ich erst ein paarmal tief durch, dann klingel ich, fünfmal, hast du gesagt. Und meine Freude, dich zu sehen, ist endgültig Sieger über meine Angst.

Erst dann bemerke ich den kleinen zusammengefalteten Zettel an der Wand. Ja, es tut dir leid, wirklich leid, dass du Vera wiedergetroffen hast! Ich soll es mir gutgehen lassen. Richtig gutgehen lassen soll ich es mir! Die brennende Zigarette hinterlässt Wunden auf meiner Hand. Das Rattern der vorbeifahrenden Laster, das Kindergeschrei, Hundegebell und das laut aufgedrehte Radio von gegenüber verschwimmen zu einem nervtötenden, Angst einjagenden Einheitsgeräusch, meine Augen nehmen nur noch die gröbsten Umrisse wahr. Wie eine alte Frau gehe ich den endlos langen Weg zur Haltestelle, meine Füße sind nass und kalt in den durchweichten Stiefeln. Ein glatzköpfiger Mann pfeift hinter mir her, bietet mir sein Zimmer und sich an.

Verschüchtert stehe ich in der Ecke neben dem Fahrplan, mein Gesicht spiegelt sich in der Scheibe. Wann kommt endlich diese elende Straßenbahn?

Die Teilaufgabe 1 verstehen

Aufgabe 1

Was verlangt die Teilaufgabe 1 (Inhaltsangabe) von dir? Schreibe in eigenen Worten und in ganzen Sätzen, was du tun sollst. Der Merkkasten auf Seite 45 hilft dir.

Tipp
Markiere nicht zu viele Wörter und Wortgruppen.
Wie du einen Text aktiv liest und kommentierst, kannst du auf Seite 72 nachlesen.

Den Text aktiv lesen

Aufgabe 2

Lies den Text aktiv: Markiere dabei Wichtiges und notiere Auffälligkeiten am Rand. Beachte den Tipp in der Randspalte.

Vorarbeiten zur Inhaltsangabe:
- Lies den Text aktiv: Markiere Wichtiges und kommentiere Auffälligkeiten am Rand.
- Schlage unbekannte Wörter nach.
- Formuliere Stichworte: Worum geht es im Wesentlichen?
- Beantworte die W-Fragen: Wer? – Wie? – Was? – Wo? – Wann? – Warum?
- Lies den Text nochmals.
- Gliedere den Text in Sinnabschnitte.

Stichworte formulieren

__Worum__ geht es in der Geschichte?

Aufgabe 3

Worum geht es in der Geschichte? Beantworte die Frage in Stichworten.

W-Fragen beantworten

__Wer__ kommt in der Geschichte vor?

Aufgabe 4

Welche Personen spielen in der Geschichte eine Rolle? Notiere Stichworte.

__Wo__ spielt das Geschehen?

Aufgabe 5

An welchen Orten spielt sich das Geschehen ab? Notiere Stichworte.

Den Text in Sinnabschnitte gliedern

Aufgabe 6

Was macht die junge Frau?

a) Lies die Geschichte noch einmal gründlich durch. Gliedere den Text von Tanja Zimmermann in Sinnabschnitte und markiere diese.

b) Stelle den Inhalt der Sinnabschnitte in jeweils einem Satz dar. Schreibe die Sätze neben die Zeilenangaben.

Zeile 1-5: Die junge Frau wartet gut gelaunt auf die Bahn.

Zeile 5-8: Sie fährt mit der Bahn.

Zeile 9-10:

Zeile :

Zeile :

Zeile :

Zeile :

Zeile :

Zeile :

Zeile :

Zeile :

Zeile :

Tipp

Du kannst dir den inhaltlichen Aufbau einer Geschichte verdeutlichen, indem du den Text in Sinnabschnitte gliederst.

Aufgabe 7

Beschreibe das Verhalten der jungen Frau (der Hauptperson). Schreibe fünf bis sechs Sätze in dein Heft. Folgende Fragen können dir helfen:

- *Was tut sie?*
- *Was fühlt sie?*
- *Welche Schwierigkeiten gibt es?*
- *Wie geht es für sie aus?*

Aufgabe 8

Beschreibe das Verhalten des jungen Mannes, in den die junge Frau verliebt ist. Schreibe drei bis vier Sätze in dein Heft. Die folgenden Fragen helfen dir.

- *Was hat er getan?*
- *Wen hat er zwischenzeitlich getroffen?*
- *Wie löst er die schwierige Situation?*

Aufgabe 9

a) Welche Textstellen sagen aus, dass die junge Frau glücklich ist? Streiche sie rot an.
b) Welche Textstellen sagen aus, dass die junge Frau unglücklich ist? Streiche sie blau an.

Aufgabe 10

Beschreibe die Situationen, in denen sich die junge Frau befindet, und ihre Reaktionen darauf. Fertige hierzu eine Tabelle in deinem Heft an.
So könnte deine Tabelle aussehen:

Situation	Reaktion der jungen Frau
Regen	Sie fühlt sich gut.
...	...
Sie sieht den Zettel an der Wand.	Sie ist enttäuscht.
...	...

Aufgabe 11

Wie beginnt die Geschichte?
Schreibe in Stichworten Personen, Ort und Handlung auf.

Aufgabe 12

Wie endet die Geschichte?
Notiere Stichworte zu Personen, Ort und Handlung.

Der Wendepunkt

Oft nimmt die **Handlung** einer Geschichte eine **überraschende Wendung**.
Den Moment, an dem sich diese Wendung vollzieht, nennt man **Wendepunkt.**

Aufgabe 13

Wodurch kippt die fröhliche Stimmung der jungen Frau in eine traurige? Schreibe die Antwort in ganzen Sätzen auf.

Aufgabe 14

a) Lies den Merkkasten zum Wendepunkt.
b) Notiere die Textstelle, die den Wendepunkt markiert.

Merkmale einer Kurzgeschichte

Eine **Kurzgeschichte**
- ist **kurz** und das Geschehen ist konzentriert auf **einen Ort** und **einen Zeitpunkt**, der für die dargestellten Personen von Bedeutung ist.
- **beginnt unvermittelt** und hat ein **offenes Ende**.
- hat meist **nur wenige handelnde Personen**.
- gibt **inneres Geschehen** wieder: z. B. durch Gedankenzitate in erlebter Rede oder inneren Monolog.
- weist eine **alltägliche Thematik und Sprache** auf.
- ist oft **mehrdeutig**: die Lesenden müssen sich das Wesentliche selbst erschließen.
- weist oft Wörter, Sätze oder Symbole auf, die immer wiederkehren und so ein **Leitmotiv** bilden.

Tipp
Zu erlebter Rede und innerem Monolog schlage auf Seite 49 nach.

Tipp
Was ein Leitmotiv ist, kannst du auch am Ende des Heftes auf Seite 94 nachschlagen.

Tipp
In der Prüfung sollst du die Textsorte erkennen und benennen. Du musst nicht belegen, woran du diese Textsorte erkennst.

Aufgabe 15

Um welche Textsorte handelt es sich bei „Sommerschnee"?
a) Lies dir die Merkmale einer Kurzgeschichte im oberen Merkkasten durch.
b) Prüfe Punkt für Punkt, ob der Text von Tanja Zimmermann die Merkmale einer Kurzgeschichte aufweist. Fülle die entsprechenden Felder der Tabelle aus.
c) Schreibe in einem Satz in dein Heft, um welche Textsorte es sich handelt.

Merkmale einer Kurzgeschichte	ja/ nein	Stichworte oder Beispiele
Kürze	ja	ca. eine Seite lang
Konzentration auf einen Ort		
Konzentration auf einen Zeitpunkt		
unvermittelter Beginn		
offenes Ende		
wenige Personen		
inneres Geschehen		
alltägliche Thematik		
alltägliche Sprache	ja	„... ob ich Tomaten auf den Augen hätte." (Zeile 19–20)
Mehrdeutigkeit		
Leitmotiv		

Eine Inhaltsangabe schreiben

Eine **Inhaltsangabe** fasst **das Wesentliche eines Textes** zusammen.

- Gib den **Inhalt** des Textes **in eigenen Worten** wieder.
- Gib in deiner Inhaltsangabe die **wesentlichen Erzählschritte** bzw. **Handlungsschritte** in ganzen Sätzen wieder.
- Schreibe im **Berichtsstil**, also sachlich und knapp.
- Schreibe im **Präsens** (Gegenwart), z. B.: *Die junge Frau findet einen Zettel ...*
- Verwende nur **indirekte Rede**, wenn du Aussagen der Figuren wiedergibst.
- Der **Einleitungssatz** sollte Angaben zum **Autor** oder zur **Autorin**, zum **Titel**, zur **Textart** enthalten und sollte auch kurz das **Thema des Textes** nennen.

- ***Direkte Rede:*** *„Lies nicht so schnell!"*
- ***Indirekte Rede:*** *Sie sagt, er solle nicht so schnell lesen.*

Aufgabe 16

Was kann man in der folgenden Inhaltsangabe noch verbessern?
a) Lies den Merkkasten zur Inhaltsangabe.
b) Lies die folgende Inhaltsangabe durch.
c) Verbessere sie. Beachte dabei den Merkkasten. Achte auch auf sprachliche Richtigkeit.
- *Streiche Unwichtiges, Falsches und Wiederholungen.*
- *Ergänze wichtige Inhalte, die fehlen.*

d) Schreibe die verbesserte Fassung in dein Heft.

In der Kurzgeschichte „Sommerschnee" von Tanja Zimmermann geht es um eine junge Frau, die in einen jungen Mann verliebt war. Und sich auf dem Weg zu ihm macht. Dabei nimmt sie einige Strapazen auf sich, weil sie zum Beispiel zwischen stinkenden Mänteln in der Straßenbahn fährt und so weiter. Sie fährt auch noch in einem anderen Wagen mit. Als sie bei ihrem Freund ankommt, findet sie einen Zettel an der Tür auf dem stand, dass er Vera wiedergetroffen hat.

Vorsicht Fehler!

Aufgabe 17

Löse nun die Teilaufgabe 1, indem du eine Inhaltsangabe zum Text „Sommerschnee" verfasst. Schreibe auf ein eigenes Blatt Papier, so wie in der Prüfung. Verwende dafür die Ergebnisse aus den Aufgaben in diesem Kapitel.

Meine Bearbeitungszeit für die Teilaufgabe 1:

Aufgabe 18

Kopiere die Checkliste auf Seite 96 und überarbeite deine Lösung aus Aufgabe 17 mit Hilfe der Liste.

ZU PROSATEXTEN SCHREIBEN

Äußere Gestalt und Sprache des Textes

Den Text findest du auf den Seiten 38–39.

Hier kannst du üben, wie du die Teilaufgabe 2 bearbeitest.

Die Prüfungsaufgabe

Lies die Kurzgeschichte „Sommerschnee“ von Tanja Zimmermann sorgfältig durch und bearbeite dann die folgenden Teilaufgaben. Bei der Teilaufgabe 4 musst du a) oder b) wählen.

Teilaufgabe 1: Gib den Inhalt des Textes in eigenen Worten wieder.

Teilaufgabe 2: Beschreibe die äußere Gestalt sowie die Sprache des Textes. Belege deine Aussagen mit Beispielen aus dem Text.

Teilaufgabe 3: Untersuche die mögliche Absicht der Autorin und die Wirkung des Textes. Stelle auch einen Bezug zur Überschrift her.

Teilaufgabe 4: a) Schreibe eine Figurencharakteristik der jungen Frau aus der Kurzgeschichte „Sommerschnee“.

Oder:

b) Versetze dich in die Lage der jungen Frau: Stelle dir vor, dass du am Abend in deinem Zimmer sitzt und über die Ereignisse des Tages nachdenkst. Verfasse einen Tagebucheintrag, in dem du deine Gedanken und Gefühle über deine Erlebnisse an diesem Tag schilderst.

Die Teilaufgabe 2 verstehen

Aufgabe 1

Schreibe kurz in eigenen Worten in dein Heft, was die Teilaufgabe 2 von dir verlangt. Der Merkkasten unten hilft dir. Schreibe in ganzen Sätzen.
Beantworte auch die Frage:
In welcher Form sollst du deine Ergebnisse aufschreiben?

Zur äußeren Gestalt und Sprache eines literarischen Textes gehören:
- Aufbau des Textes (Länge des Textes und seine Gliederung)
- Erzählperspektive
- Zeitform
- Formen der Rede
- Wortwahl und Sprache
- Satzbau
- Höhepunkt und Wendepunkt
- Stilmittel

Tipp
Der Autor oder die Autorin drückt den Inhalt des Textes durch bestimmte sprachliche und formale Gestaltungsmittel aus.
Der Text ist bewusst gestaltet.

Aufbau des Textes

Aufgabe 2

Beantworte die folgenden Fragen. Schreibe ganze Sätze in dein Heft.
- *Wie viele Druckseiten und Zeilen nimmt der Text ein?*
- *In wie viele Absätze ist der Text gegliedert?*

Aufgabe 3

In welche größeren Abschnitte lässt sich der Text unterteilen? Begründe deine Antwort inhaltlich. Schreibe ganze Sätze.

Zitieren

Zitate sind **wörtliche Übernahmen** aus dem untersuchten Text.
Mit einem Zitat belegst du eigene Aussagen über den Text. Zitate müssen kenntlich gemacht werden.
- Ein Zitat steht immer in **Anführungszeichen**.
- Zitate müssen genau sein. Sie dürfen in ihrem **Wortlaut nicht verändert werden.**
- Kürzungen oder **Auslassungen** werden durch drei Punkte in Klammern angezeigt: **(...)**
- Am Ende des Zitates erfolgt eine **Zeilenangabe in Klammern**.

Du kannst das **Zitat einleiten** (sie denkt, er antwortet, sie fragen), z. B.:
Die Hauptperson denkt: „Mir ist alles so egal, ich fühle mich gut". (Zeile 1)
Oder du kannst **zitierte Passagen in deine eigenen Sätze einbauen**, z. B.:
Die Hauptperson denkt, „ich fühle mich gut" (Zeile 1).
Verwendest du statt des Zitats die **indirekte Rede**, denke an den **Konjunktiv**:
*Die Hauptperson denkt, ihr **sei** alles so egal und sie **fühle** sich gut (Zeile 1).*

Tipp
- ***(Zeile 1–4)** bedeutet: Du zitierst die Zeilen 1, 2, 3 und 4.*
- ***(Zeile 1, 4)** bedeutet: Du zitierst die Zeile 1 und die Zeile 4.*
- ***(Zeile 1 f.)** bedeutet: Du zitierst die Zeilen 1 und 2.*
- ***(Zeile 1 ff.)** bedeutet: Du zitierst die Zeile 1 und einige folgende Zeilen (eine unbestimmte Anzahl).*

Aufgabe 4

a) Lies den Merkkasten zum Zitieren und den Tipp daneben.
b) In welcher Zeit ist die Geschichte geschrieben? Notiere Beispiele aus dem Text in dein Heft, die du als Zitate wiedergibst . So könnte dein Hefteintrag aussehen:

Präsens: „Mir ist alles so egal (...)" (Zeile 1)
Perfekt und Plusquamperfekt: ...

- ***Präsens**: Ich lese, du gehst.*
- ***Präteritum/Imperfekt**: Sie las, er ging.*
- ***Perfekt**: Ich habe gelesen, du bist gegangen.*
- ***Plusquamperfekt**: Sie hatte gelesen, er war gegangen.*

Erzählperspektive

Ich-Erzähler: Der Erzähler spricht **als Figur** der Geschichte, die sowohl etwas in der Geschichte erlebt als auch davon berichtet. Es wird in der **Ich-Form** erzählt.
Beispiel: *„Die Nacht war schon wieder lange hereingebrochen, und der Mond schien prächtig, als ich endlich auf einem Hügel aus dem Walde heraustrat und auf einmal die Stadt in der Ferne vor mir sah.“* (Joseph von Eichendorff: Aus dem Leben eines Taugenichts)

Allwissender Erzähler: Der Erzähler **blickt von außen auf das Geschehen** und ist nicht daran beteiligt, sondern **erzählt** und **kommentiert** nur. Er kann die Figuren von außen beschreiben, aber auch in sie hineinblicken. Er erzählt in der **Er-/Sie-Form**.
Beispiel: *„Jenny, während sie sich in süße Selbsttäuschungen wie diese versenkte, trat ans Fenster und sah abwechselnd auf den Vorgarten und die Straße.“* (Theodor Fontane: Frau Jenny Treibel)

Personaler Erzähler: Der Erzähler **schlüpft** in eine oder mehrere **Figuren** und **erzählt aus deren Perspektive**. Er erzählt in der **Er-/Sie-Form**.
Beispiel: *„Sein Mund trocken vor Angst: er könnte wirklich so etwas tun. Er war allein; niemand, der ihn bewachte.“* (Gabriele Wohmann: Die Klavierstunde)

Aufgabe 5

a) Lies die Informationen zur Erzählperspektive im Merkkasten.
b) Markiere in den folgenden Sätzen die Wörter, die auf den Erzähler hinweisen, farbig.

Mir ist alles so egal, ich fühle mich gut.

Ein wütender Autofahrer brüllt, ob ich Tomaten auf den Augen hätte.

Die brennende Zigarette hinterlässt Wunden auf meiner Hand.

Aufgabe 6

Aus welcher Perspektive wird die Geschichte erzählt? Begründe deine Antwort mit Hilfe des Merkkastens und belege sie mit Textzitaten. Schreibe ganze Sätze in dein Heft.

Zeitform

Aufgabe 7

a) Lies dein Ergebnis aus Aufgabe 4.
b) Schreibe in einem Satz, welche Zeitstufe am häufigsten vorkommt. Notiere hinter dem Satz in Klammern zwei Zitate mit Zeilenangaben, die deine Antwort belegen.

Formen der Rede

Gespräch nach außen:

Direkte Rede: Die **Rede** einer Figur wird so, **wie sie ausgesprochen wurde**, wiedergegeben. Meist steht sie **in Anführungszeichen**.
Beispiel: *„Los, fang an zu lesen!"*

Indirekte Rede: Die Rede einer Figur wird **im Konjunktiv** wiedergegeben und meist **eingeleitet**.
Beispiel: *Sie sagte, ich solle anfangen zu lesen.*

Gespräch nach innen:

Erlebte Rede: Gedanken und Gefühle werden – wie in einem **inneren Selbstgespräch** – in der **Er-/Sie-Form** wiedergegeben.
Beispiel: *Es war an der Zeit, dass sie endlich zu lesen anfing. Ja, sie selbst war nun an der Reihe!*

Innerer Monolog: Gedanken und Gefühle werden – wie in einem **inneren Selbstgespräch** – in der **Ich-** oder **Wir-Form** wiedergegeben.
Beispiel: *Ob ich wohl anfangen soll zu lesen?*

Aufgabe 8

Um welche Formen der Rede handelt es sich bei den folgenden Sätzen? Schreibe die Formen der Rede unter die Sätze. Beachte den Merkkasten.

Neben mir hält ein Mercedes: „Engelchen, ich fahre dich nach Hause."

An einem Schaufenster bleibe ich trotzdem stehen, zupfe an meinen Haaren herum, (...) will dir ja gefallen. Ich will dir ja sogar sehr gefallen!

Wortwahl und Sprachstile

Hochsprache ist die allgemein verbindliche Form einer Sprache, wie sie in der Öffentlichkeit und im Schriftlichen meist verwendet wird.
Umgangssprache ist der mündliche Sprachgebrauch. Typisch sind kurze und einfache, aber auch unvollständige Sätze oder Wörter.
Man unterscheidet auch **Dialekte** (regionale Sprechweisen), **Fachsprachen** (z. B. *Computersprache, Medizinsprache*) und **Gruppensprachen** (z. B. *Jugendsprache*).

Aufgabe 9

a) Lies die Informationen oben im Merkkasten.
b) Welche Sprachstile verwendet die Autorin? Schreibe die Antwort in ganzen Sätzen in dein Heft und belege sie mit Zitaten aus dem Text.

Satzbau

Aufgabe 10

Notiere, um welchen Satzbau es sich bei den folgenden Sätzen handelt. Die Informationen in der Randspalte helfen dir. Schreibe Stichworte.

Vollständige Sätze:
enthalten Subjekt, Prädikat und meist ein Objekt; z. B.: Tom rennt. Ich gehe zur Schule.

Unvollständige Sätze:
Ein Satzteil oder mehrere Bestandteile fehlen; z. B.: Raus hier!

2-/3-/4-Wort-Sätze

Satzreihen:
Verbindung von mehreren Hauptsätzen

Satzgefüge:
Verbindung von Hauptsatz und Nebensatz

„Ich lache." (Zeile 8)

____

„Der Regen macht mir nichts aus, meine Stiefel sind durchweicht, die Bahn kommt nicht." (Zeile 2–3)

____

„Ein wütender Autofahrer brüllt, ob ich Tomaten auf den Augen hätte." (Zeile 19–20)

____

„Ein grelles Quietschen." (Zeile 19)

____

Aufgabe 11

a) Lies den Text „Sommerschnee" nochmals ganz und achte dabei auf den Satzbau.
b) Welchen Satzbau oder welche verschiedenen Satzbauformen verwendet die Autorin? Schreibe die Antwort in ganzen Sätzen in dein Heft.

Höhepunkt und Wendepunkt

Aufgabe 12

An welcher Stelle des Textes hat die Spannung ihren Höhepunkt erreicht? Vervollständige den Satz und das Zitat.

Der Höhepunkt der Geschichte ist erreicht, als die junge Frau

:

„Und meine Freude, dich zu sehen, ist endgültig Sieger über meine Angst." (Zeile)

Aufgabe 13

An welcher Stelle kippt die fröhliche Stimmung der jungen Frau in eine traurige? Schreibe wie in Aufgabe 12 einen Satz und belege ihn mit einem Zitat.

Der Wendepunkt der Geschichte ist erreicht, als

Stilmittel

Aufgabe 14

Die Überschrift „Sommerschnee" ist ein sprachliches Bild, eine „Metapher".
a) Schlage im Kapitel zur Lyrik auf Seite 77 nach, was eine Metapher ist. Schreibe die Erklärung in dein Heft. Beachte den Tipp in der Randspalte.
b) Woran denkst du bei den einzelnen Bestandteilen des Wortes „Sommerschnee"? Notiere hier zu jedem Teil der Metapher Stichpunkte.

„Sommer":

„Schnee":

Aufgabe 15

Welche mögliche Bedeutung hat die Metapher „Sommerschnee" als Überschrift des Textes? Schreibe die Antwort in ganzen Sätzen in dein Heft.

***Höhepunkt**: Punkt höchster Spannung in der Erzählung*

***Wendepunkt**: Abschluss des Höhepunktes, eine andere Handlung beginnt*

Tipp
Löse zur Übung zuerst die Aufgabe 5 zur Metapher im Lyrikkapitel auf Seite 80.

Aufgabe 16

a) Schlage auf den Seiten 77, 80 und 81 die Erklärungen zu „Vergleich", „Personifikation" und „Gegensatz" nach und lies sie. Sie stehen auch in der Randspalte.
b) Um welche Stilmittel handelt es sich im Folgenden? Ordne die Stilmittel den richtigen Wortgruppen zu.

Vater Staat und Mutter Natur •	
Er erwachte wie aus einem Traum. •	• Vergleich
Make love not war! •	• Personifikation
schlau wie ein Fuchs •	• Gegensatz

Aufgabe 17

a) Lies den Text „Sommerschnee" aktiv, indem du mit Buntstift Vergleiche, Gegensätze und Personifikationen markierst, die du im Text findest.
b) Notiere die gefundenen Stilmittel als Zitate mit Zeilenangaben, indem du den Lückentext unten ausfüllst.

Tipp
Wie du beim aktiven Lesen vorgehst, findest du auf Seite 72.

Gegensatz: „Mir ist alles so egal, ich fühle mich gut." (Zeile 1)

__________ : „Die Leute fluchen (...). Ich lache." (Zeile 7–8)

__________ : „Wie eine alte Frau (...)." (Zeile 34)

Gegensatz: ______________________________
______________________________ (Zeile 9–10)

Personifikation: ______________________________
______________________________ (Zeile 5–6)

__________ : „Ein wütender Autofahrer brüllt (...). Ich lache (...)." (Zeile 19–20)

__________ : „Und meine Freude (...) über meine Angst." (Zeile ______)

__________ : „Ich soll es mir gutgehen lassen. (...) Die brennende Zigarette hinterlässt Wunden auf meiner Hand." (Zeile ___ – ___)

Aufgabe 18

Welches der Stilmittel aus Aufgabe 17 kommt im Text „Sommerschnee“ häufig vor? Schreibe die Antwort in einem Satz auf.

Die Wiederholung
Es ist nicht gut, wenn Wortwiederholungen in deinem Aufsatz vorkommen. Du solltest sie vermeiden, da der Stil deines Textes darunter leidet. Ein Autor jedoch benutzt **Wortwiederholungen als Stilmittel**, z. B. um die Wirkung zu verstärken oder um Ironie zu erzeugen.

Aufgabe 19

a) Lies den Merkkasten zum Stilmittel der Wiederholung.
b) Schreibe Wiederholungen aus dem Text „Sommerschnee“ als Zitate heraus. Achte auf gleiche Wörter bei Satzanfängen oder auch innerhalb verschiedener Sätze im Text.

Aufgabe 20

Löse nun die Teilaufgabe 2 von Seite 46 in Stichworten. Verwende dabei die Ergebnisse aus den Aufgaben in diesem Kapitel. Schreibe auf ein eigenes Blatt, so wie in der Prüfung.

Meine Bearbeitungszeit für die Teilaufgabe 2:

Aufgabe 21

Kopiere die Checkliste auf Seite 96 und überarbeite deine Lösung aus Aufgabe 20 mit Hilfe der Liste.

Bei den Teilaufgaben 3 und 4 a) arbeitest du mit dem Text „Augenblicke“ von Walter Helmut Fritz.

Hier kannst du üben, wie du die Teilaufgabe 3 bearbeitest.

ZU PROSATEXTEN SCHREIBEN

Absicht des Autors / der Autorin und Wirkung des Textes

Die Prüfungsaufgabe

Lies die Kurzgeschichte „Augenblicke“ von Walter Helmut Fritz sorgfältig durch und bearbeite dann die folgenden Teilaufgaben. Bei der Teilaufgabe 4 musst du a) oder b) wählen.

Teilaufgabe 1: Gib den Inhalt des Textes in eigenen Worten wieder.

Teilaufgabe 2: Beschreibe die äußere Gestalt sowie die Sprache des Textes. Belege deine Aussagen mit Beispielen aus dem Text.

Teilaufgabe 3: Untersuche die mögliche Absicht des Autors und die Wirkung des Textes. Stelle auch einen Bezug zur Überschrift her.

Teilaufgabe 4: a) Nimm Stellung zu dem Text. Gehe dabei auch auf den Konflikt zwischen Mutter und Tochter ein und wie er gelöst wird.

Oder:

b) Führe den Text ab „Aber sie, Elsa, würde kein einziges Mal mehr ruhig bleiben können, wenn sie wieder zu ihr ins Bad käme.“ (Zeile 43–44) zu einem anderen Ende. Beachte hierbei die Vorgaben des Originaltextes und bleibe im Stil der Vorlage.

Walter Helmut Fritz: Augenblicke

Kaum stand sie vor dem Spiegel im Badezimmer, um sich herzurichten, als ihre Mutter aus dem Zimmer nebenan zu ihr hereinkam, unter dem Vorwand, sie wolle sich nur die Hände waschen.

Also doch! Wie immer, wie *fast* immer.

Elsas Mund krampfte sich zusammen. Ihre Finger spannten sich. Ihre Augen wurden schmal. Ruhig bleiben!

Sie hatte darauf gewartet, dass ihre Mutter auch dieses Mal hereinkommen würde, voller Behutsamkeit, mit jener scheinbaren Zurückhaltung, die durch ihre Aufdringlichkeit die Nerven freilegt. Sie hatte – behext, entsetzt, gepeinigt – darauf gewartet, weil sie sich davor fürchtete.

– Komm, ich mach dir Platz, sagte sie zu ihrer Mutter, und lächelte ihr zu.

– Nein, bleib nur hier, ich bin gleich soweit, antwortete die Mutter und lächelte.

– Aber es ist doch so eng, sagte Elsa, und ging rasch hinaus, über den Flur, in ihr Zimmer. Sie behielt einige Augenblicke länger als nötig die Klinke in der Hand, wie um die Tür mit Gewalt zuzuhalten. Sie ging auf und ab, von der Tür zum Fenster, vom Fenster zur Tür. Vorsichtig öffnete ihre Mutter. Ich bin schon fertig, sagte sie.

Elsa tat, als ob ihr inzwischen etwas anderes eingefallen wäre, und machte sich an ihrem Tisch zu schaffen.

– Du kannst weitermachen, sagte die Mutter.

– Ja, gleich.

Die Mutter nahm die Verzweiflung ihrer Tochter nicht einmal als Ungeduld wahr.

Wenig später allerdings verließ Elsa das Haus, ohne ihrer Mutter adieu zu sagen. Mit der Tram fuhr sie in die Stadt, in die Gegend der Post. Dort sollte es eine Wohnungsvermittlung geben, hatte sie einmal gehört. Sie hätte zu Hause im Telefonbuch eine Adresse nachsehen können. Sie hatte nicht daran gedacht, als sie die Treppen hinuntergeeilt war.

In einem Geschäft für Haushaltungsgegenstände fragte sie, ob es in der Nähe nicht eine Wohnungsvermittlung gäbe. Man bedauerte. Sie fragte in der Apotheke, bekam eine ungenaue Auskunft. Vielleicht im nächsten Haus. Dort läutete sie. Schilder einer Abendzeitung, einer Reisegesellschaft, einer Kohlenfirma. Sie läutete umsonst.

Es war später Nachmittag. Samstag, zweiundzwanzigster Dezember.

Sie sah in eine Bar hinein. Sie sah den Menschen nach, die vorbeigingen. Sie trieb mit. Sie betrachtete Kinoreklamen.

Sie ging Stunden umher. Sie würde erst spät zurückkehren. Ihre Mutter würde zu Bett gegangen sein. Sie würde ihr nicht mehr Gute Nacht zu sagen brauchen.

Sie würde sich, gleich nach Weihnachten, eine Wohnung nehmen. Sie war zwanzig Jahre alt und verdiente. Kein einziges Mal würde sie sich mehr beherrschen können, wenn ihre Mutter zu ihr ins Bad kommen würde, wenn sie sich schminkte. Kein einziges Mal.

Ihre Mutter lebte seit dem Tod ihres Mannes allein. Oft empfand sie Langeweile. Sie wollte mit ihrer Tochter sprechen. Weil sich die Gelegenheit selten ergab (Elsa schützte Arbeit vor), suchte sie sie auf dem Flur zu erreichen oder wenn sie im Bad zu tun hatte. Sie liebte Elsa. Sie verwöhnte sie. Aber sie, Elsa, würde kein einziges Mal mehr ruhig bleiben können, wenn sie wieder zu ihr ins Bad käme.

Elsa floh.

Über der Straße künstliche, blau, rot, gelb erleuchtete Sterne. Sie spürte Zuneigung zu den vielen Leuten, zwischen denen sie ging.

Als sie kurz vor Mitternacht zurückkehrte, war es still in der Wohnung. Sie ging in ihr Zimmer und es blieb still. Sie dachte daran, dass ihre Mutter alt und oft krank war. Sie kauerte sich in ihren Sessel, und sie hätte unartikuliert schreien mögen, in die Nacht mit ihrer entsetzlichen Gelassenheit.

Tipp
Wenn du beim Lösen der Teilaufgaben 1 und 2 unsicher bist, sieh dir noch einmal die Übungsaufgaben an, die du auf den Seiten 38–53 gemacht hast.

Aufgabe 1

Löse die Teilaufgaben 1 und 2 zur Kurzgeschichte von Walter Helmut Fritz (Inhaltsangabe, Beschreibung der äußeren Gestalt und Sprache des Textes).
Schreibe auf eigene Blätter, so wie in der Prüfung. Beachte den Tipp in der Randspalte.

Die Teilaufgabe 3 verstehen

Aufgabe 2

a) Lies den Merkkasten.
b) Markiere farbig wichtige Wörter und Wortgruppen, die als Stichworte dienen könnten.

Bei der Teilaufgabe 3 beantwortest du diese Fragen:
Überschrift:
- Was bedeutet die Überschrift?

Absicht des Autors oder der Autorin:
- Worum geht es im Wesentlichen im Text?
- Wen spricht der Autor mit seinem Text an?
- Was möchte er den Lesenden mitteilen?

Wirkung auf die Lesenden:
- Wie wirkt der Text auf dich?
- Wodurch wird das erreicht?
- Ist das Thema aktuell und fühlst du dich angesprochen?

Die Absicht des Autors / der Autorin

Tipp
Wie du beim aktiven Lesen vorgehst, findest du auf Seite 72.

Aufgabe 3

Lies den Text aktiv, markiere und kommentiere, wenn du dies nicht schon für Aufgabe 1 getan hast.

Aufgabe 4

Welches ist das zentrale Thema der Geschichte? Notiere Stichworte in deinem Heft.

Aufgabe 5

Beantworte die folgenden Fragen in Stichworten:
- Welche Probleme hat Elsa?

- Welche Probleme hat Elsas Mutter?

- Wie verhalten sich Mutter und Tochter zueinander? Wie sprechen sie miteinander?

Aufgabe 6

Hätte der Autor auch andere Personen als Mutter und Tochter auswählen können? Begründe deine Meinung. Schreibe in ganzen Sätzen in dein Heft.

Aufgabe 7

Wen könnte der im Text dargestellte Konflikt angehen? Fülle die folgende Tabelle aus. Deine Lösungen der Aufgaben 4 und 5 können dir helfen.

Person	Gründe dafür	Gründe dagegen
Kinder	/	Thema zu schwierig
Eltern, Großeltern		
Erwachsene ohne Kinder		
Jugendliche		

Aufgabe 8

Wen spricht Walter Helmut Fritz mit seiner Kurzgeschichte an? Begründe deine Ansicht. Nutze hierfür deine Ergebnisse aus der Tabelle. Schreibe ein bis zwei Sätze.

Aufgabe 9

Warum hat sich der Autor deiner Meinung nach für dieses Thema entschieden? Schreibe ganze Sätze in dein Heft. Beantworte dazu zunächst die drei Fragen:

- *Ist das Thema aktuell?*
- *Ist das Thema neu?*
- *Für wen ist das Thema wichtig?*

Die Überschrift

Die Überschrift hat eine wesentliche Bedeutung für den Text.
Beantworte die folgenden Fragen:

- Passt die Überschrift zum Text?
- Kommt sie wörtlich im Text vor?
- Was bedeutet sie?
- Warum hat sich der Autor oder die Autorin für diese Überschrift entschieden?

Aufgabe 10

Die Überschrift „Augenblicke" ist eine Metapher. Die Wörter „Augen" und „Blicke" gehören vom Sinn her zusammen. Was bedeutet das Wort und was bedeutet es im übertragenen Sinne (als Metapher)? Denke an Sätze wie „Warten Sie einen Augenblick!".

Tipp
Schlage auf Seite 77 nach, was eine Metapher ist. Zur Übung kannst du auch die Aufgabe 5 auf Seite 80 lösen.

Wörtlich: ______________________

Im übertragenen Sinne: ______________________

Aufgabe 11

Wo kommt das Wort „Augenblicke" außer in der Überschrift im Text vor? Zitiere den ganzen Satz und notiere die Zeilenangabe.

Tipp
Was du beim Zitieren beachten sollst, findest du auf Seite 47.

____

____

Aufgabe 12

Beschreibt der Text typische oder besondere Augenblicke? Erfahren wir z. B. etwas über Elsas Alltag oder über ein besonderes Ereignis? Schreibe ein bis zwei Sätze.

____

____

____

____

Aufgabe 13

Was bedeutet die Überschrift und warum hat der Autor sie gewählt? Schreibe ganze Sätze in dein Heft. Verwende dazu deine Ergebnisse aus den Aufgaben 10 bis 12.

Tipp
Formulierungshilfen findest du auf Seite 95.

Die Wirkung des Textes

Aufgabe 14

Lies die folgenden Aussagen zur Wirkung des Textes und kreuze diejenigen an, die du richtig findest.

- ☐ Der Text wirkt **anziehend**: Man kann mit den Figuren mitfühlen und sich in sie hineinversetzen.
- ☐ Der Text wirkt **abstoßend**: Die Figuren handeln unverständlich und wirken unangenehm. Man kann sich nicht leicht in sie hineinversetzen.
- ☐ Der Text ist **einseitig**: Der Autor ergreift nur für eine Seite Partei. Er bietet nur eine Sichtweise des Problems.
- ☐ Der Text ist **vielseitig**: Der Autor ermöglicht verschiedene Sichtweisen des Problems.
- ☐ Der Text wirkt **beruhigend**: Der Text löst den dargestellten Konflikt zufriedenstellend. Er endet mit einem Happy End.
- ☐ Der Text wirkt **beunruhigend**: Ein Problem wird dargestellt, das viele Menschen betrifft und dessen Lösung nicht einfach ist. Der Autor bietet keine endgültige Lösung an.
- ☐ Der Text wirkt **belehrend**: Der Text macht auf Probleme aufmerksam und deutet mögliche Lösungsversuche an.
- ☐ Der Text wirkt **provokativ**: Im Text werden Reizthemen angesprochen, die zu gegensätzlichen Diskussionen führen.
- ☐ Der Text **regt zum Nachdenken an**: Der Text zeigt ein Problem auf, lässt es offen und regt zum Nachdenken und zur Diskussion an.

Aufgabe 15

Wie wirkt der Text auf dich?
a) Übertrage die Aussagen, die du angekreuzt hast, in dein Heft. Formuliere möglichst in eigenen Worten.
b) Ergänze zwei eigene Aussagen mit Begründungen.

Aufgabe 16

Beantworte die Teilaufgabe 3 nun ganz. Verwende dazu deine Ergebnisse aus den Aufgaben dieses Kapitels. Schreibe auf ein eigenes Blatt, so wie in der Prüfung.

Meine Bearbeitungszeit für die Teilaufgabe 3:

Aufgabe 17

Kopiere die Checkliste auf Seite 96 und überarbeite deine Lösung aus Aufgabe 16 mit Hilfe der Liste.

ZU PROSATEXTEN SCHREIBEN

Zum Text Stellung nehmen

Den Text findest du auf den Seiten 54–55.

Die Prüfungsaufgabe

Lies die Kurzgeschichte „Augenblicke“ von Walter Helmut Fritz sorgfältig durch und bearbeite dann die folgenden Teilaufgaben. Bei der Teilaufgabe 4 musst du a) oder b) wählen.

Teilaufgabe 1: Gib den Inhalt des Textes in eigenen Worten wieder.

Teilaufgabe 2: Beschreibe die äußere Gestalt sowie die Sprache des Textes. Belege deine Aussagen mit Beispielen aus dem Text.

Teilaufgabe 3: Untersuche die mögliche Absicht des Autors und die Wirkung des Textes. Stelle auch einen Bezug zur Überschrift her.

Teilaufgabe 4: a) Nimm Stellung zu dem Text. Gehe dabei auch auf den Konflikt zwischen Mutter und Tochter ein und wie er gelöst wird.

Oder:

b) Führe den Text ab „Aber sie, Elsa, würde kein einziges Mal mehr ruhig bleiben können, wenn sie wieder zu ihr ins Bad käme.“ (Z. 43/44) zu einem anderen Ende. Beachte hierbei die Vorgaben des Originaltextes und bleibe im Stil der Vorlage.

*Sieh dir bei der Teilaufgabe 4 die Aufgaben a) und b) an und überlege genau, was sie von dir verlangen. **Entscheide dich** dann **für eine** der beiden.*

Die Teilaufgabe 4 a) verstehen

Aufgabe 1

Schreibe in eigenen Worten in dein Heft, was die Teilaufgabe 4 a) von dir verlangt. Beachte den Tipp in der Randspalte. Der Merkkasten auf der Seite 61 hilft dir.

Tipp
Wenn du zu einem Text Stellung nimmst, bringst du begründet deine eigene Meinung zum Text und deine persönlichen Erfahrungen und Überlegungen zum Thema ein.

Zum Text Stellung nehmen

Aufgabe 2

Wie gefällt dir die Kurzgeschichte von Fritz? Begründe deine Aussagen. Schreibe ein bis zwei Sätze. Beachte den Tipp in der Randspalte.

Aufgabe 3

An welchen Stellen kannst du dich besonders gut in Elsa oder in ihre Mutter hineinversetzen? Notiere die Stellen als Zitate in dein Heft.

Aufgabe 4

Nenne mindestens zwei Fragen, die der Text offenlässt. Denke dabei
- *an die Kommunikation zwischen Mutter und Tochter.*
- *daran, ob und wie sehr Elsa ihre Mutter liebt.*
- *daran, wie die Probleme der beiden gelöst werden können.*

Schreibe in ganzen Sätzen in dein Heft. Beachte den Tipp in der Randspalte.

Tipp
Zur Stellungnahme zu einem Text gehört, dass du dir überlegst, welche Fragen offengeblieben sind und im Text nicht behandelt werden, obwohl sie für dich zum Thema gehören.

Eigene Vorschläge und Erfahrungen einbringen

Aufgabe 5

Stelle dir vor, du bist der Autor. Wie hättest du die Geschichte geschrieben? Mache ein bis zwei andere Vorschläge, was die Umsetzung des Themas betrifft. Notiere Stichworte.

Aufgabe 6

a) Berichte aus deiner eigenen Erfahrung über Konflikte von Eltern und Jugendlichen. Notiere die Themen, um die es geht, und wie mit den Konflikten umgegangen wird. Schreibe Stichpunkte in dein Heft.
b) Vergleiche deine Stichpunkte mit der Geschichte: Entspricht der dargestellte Konflikt den Konflikten von Jugendlichen heute oder Konflikten, die du aus deiner Erfahrung kennst? Schreibe in ganzen Sätzen. Beachte den Tipp in der Randspalte.

Tipp
Du kannst auch Beispiele aus deinem Freundes- und Bekanntenkreis einbringen.

Wenn du zu einem Text Stellung nimmst, beantwortest du folgende Fragen:
- Wie gefällt mir der Text und warum?
- Kann ich mich in die dargestellten Personen hineinversetzen?
- Welche Fragen lässt der Text offen?
- Welche eigenen Vorschläge zur Behandlung des Themas habe ich?
- Wie sind meine eigenen Erfahrungen zum Thema im Vergleich dazu, wie das Thema im Text dargestellt ist?
- Entspricht die Situation im Text der Wirklichkeit, ist das Geschehen wahrscheinlich?

Aufgabe 7

a) Trage deine Ergebnisse zu den Aufgaben 2–6 zusammen und schreibe so eine erste kurze Bewertung des Textes. Schreibe in dein Heft.
b) Prüfe, ob du alle Fragen aus dem Merkkasten oben beantwortet hast.

Meine Bearbeitungszeit für die Teilaufgabe 4 a):

Der Text wird auf die Realität bezogen.

Aufgabe 8

Lies die folgenden Bewertungen des Textes „Augenblicke“.

A.

In dieser Geschichte wird deutlich, dass der Abnabelungsprozess kein sehr leichter Prozess im Leben eines Menschen ist. Ich habe mir in diesem Zusammenhang einige Fragen gestellt: Sollte die Tochter bei ihrer Mutter bleiben oder ohne Rücksicht ausziehen? Wie kann man es schaffen, dass beide über ihre Gefühle miteinander sprechen? Jeder Leser denkt mit Sicherheit nach dem Lesen dieser Kurzgeschichte über diese Fragen nach.
Fritz schafft es vor allem mit der Wahl seiner Erzählperspektive, dass sich der Leser automatisch ins Geschehen hineinfindet. Die Sätze sind gut zu verstehen, da der Autor Alltagssprache benutzt, was typisch für Kurzgeschichten ist.

B.

Die Geschichte „Augenblicke“ hat mir gut gefallen, weil sie eine Situation im Leben zeigt, in die jeder Mensch hineingeraten kann. Auch ich habe bei Freunden miterlebt, wie schwierig der Loslöseprozess vom Elternhaus sein kann. Die Eltern machen sich Sorgen über die Zukunft und haben vielleicht auch Angst davor, nicht mehr genauso viel von dem mitzubekommen, was ihre Kinder tun. Jedoch habe ich auch schon festgestellt, dass Jugendliche, die zu Hause leben, ihre Eltern bei weitem nicht in alles einweihen. Deshalb sollte man eher die Frage diskutieren, wie man gemeinsam innerhalb der verschiedenen Generationen gute Gespräche führen und sich gegenseitig vertrauen kann.

Mit Fragen gliedern:

- *Wo werden Beispiele aus der eigenen Erfahrung genannt?*
- *Wo werden Fragen aus dem Text heraus entwickelt?*
- *Wo wird der Text persönlich, inhaltlich oder sprachlich bewertet?*
- *Wo wird der Text auf die Realität bezogen?*

Aufgabe 9

a) Markiere und gliedere den Text, indem du den Fragen aus der Randspalte die entsprechenden Textstellen zuordnest.
b) Schreibe in die Randspalte neben die Stellungnahmen mit Hilfe der Fragen eine Gliederung der Textabschnitte. Eine Hilfe ist schon vorgegeben.

Aufgabe 10

Schreibe nun deine eigene Bewertung des Textes „Augenblicke“. Schreibe auf ein eigenes Blatt, so wie in der Prüfung. Verwende die Ergebnisse aus den Aufgaben 2 bis 9.

Zu Prosatexten schreiben

Einen Text weiterschreiben

Die Prüfungsaufgabe

Lies die Kalendergeschichte „Der hilflose Knabe" von Bertolt Brecht sorgfältig durch. Bearbeite dann die folgenden Teilaufgaben. Bei der Teilaufgabe 4 musst du a) oder b) wählen.

Teilaufgabe 1: Gib den Inhalt des Textes in eigenen Worten wieder.

Teilaufgabe 2: Beschreibe die äußere Gestalt sowie die Sprache des Textes. Belege deine Aussagen mit Beispielen aus dem Text.

Teilaufgabe 3: Untersuche die mögliche Absicht des Autors und die Wirkung des Textes. Stelle auch einen Bezug zur Überschrift her.

Teilaufgabe 4: **a)** Nimm Stellung zu der Frage, ob man Unrecht stillschweigend erdulden sollte.

Oder:

b) Als der Junge nach Hause kommt, spricht er mit seinem Vater über die Geschehnisse des Tages. Versetze dich in die Lage des Jungen und seines Vaters und schreibe einen Dialog zwischen Vater und Sohn.

Bei der Teilaufgabe 4 b) arbeitest du mit dem Text „Der hilflose Knabe" von Bertolt Brecht.

Bertolt Brecht: Der hilflose Knabe

Herr K. sprach über die Unart, erlittenes Unrecht stillschweigend in sich hineinzufressen, und erzählte folgende Geschichte: „Einen vor sich hin weinenden Jungen fragte ein Vorübergehender nach dem Grund seines Kummers. ‚Ich hatte zwei Groschen[1] für das Kino beisammen', sagte der Knabe, ‚da kam ein Junge und riß mir einen aus der Hand', und er zeigte auf einen Jungen, der in einiger Entfernung zu sehen war. ‚Hast du denn nicht um Hilfe geschrien?' fragte der Mann. ‚Doch', sagte der Junge und schluchzte ein wenig stärker. ‚Hat dich niemand gehört?' fragte ihn der Mann weiter, ihn liebevoll streichelnd. ‚Nein', schluchzte der Junge. ‚Kannst du denn nicht lauter schreien?' fragte der Mann. ‚Nein' sagte der Junge und blickte ihn mit neuer Hoffnung an. Denn der Mann lächelte. ‚Dann gib auch den her', sagte er, nahm ihm den letzten Groschen aus der Hand und ging unbekümmert weiter."

R

Tipp
Der Text von Bertolt Brecht ist eine ***Kalendergeschichte****.*
Eine Kalendergeschichte ist eine unterhaltsame, aber auch lehrreiche kurze Erzählung.

[1] der Groschen: alte Münze

Aufgabe 1

Bearbeite zunächst die Teilaufgaben 1–3. Schreibe auf einzelne Blätter, so wie in der Prüfung.

Die Teilaufgabe 4 b) verstehen

Die Teilaufgabe 4 b) kann darin bestehen, einen **eigenen literarischen Text** zu schreiben oder fortzusetzen, einen **Brief** oder einen **Tagebucheintrag** zu verfassen, einen Dialog oder einen **inneren Monolog** zu schreiben. Es kann auch eine **Stellungnahme** oder eine **kurze Erörterung** verlangt werden.
Gehe dabei so vor:
- Versetze dich in das Geschehen hinein.
- Sammle Ideen (mit einem Brainstorming oder Cluster).
- Notiere, worauf du bei der Textart (Dialog, Brief ...) achten musst.
- Schreibe den Text. Formuliere dabei abwechslungsreich.

Wenn du einen Dialog schreibst, beachte folgende Punkte:

Tipp
Schreibe nicht einfach „drauflos", sondern gehe strukturiert vor.

Ein **Dialog** ist ein Gespräch zwischen zwei Personen, das aus Rede und Gegenrede besteht. Wenn du einen Dialog schreibst, solltest du
- die Situation des Gespräches darstellen (Wo findet es statt? Wie stehen die Personen zueinander?).
- wörtliche Rede (*A: Ich ... – B: Aber ...*) verwenden.
- Meinungen, Gedanken, Stimmungen und Gefühle der Personen ausdrücken.

Handlung und Verhalten der Figuren erfassen

Aufgabe 2

Formuliere in ganzen Sätzen, was dem Jungen passiert ist. Schreibe in dein Heft.

Aufgabe 3

Beschreibe in Stichworten das Verhalten des Jungen und des Mannes. Die Fragen in der Randspalte helfen dir.

Fragen zum Text:
- *Was hat der Junge getan?*
- *Warum weint er?*
- *Welche zwei gegensätzlichen Verhaltensweisen zeigt der Mann?*

Sich in den Text hineinversetzen

Aufgabe 4

Versetze dich in das Geschehen hinein. Wie könnte sich der Junge fühlen? Zeichne einen Cluster in dein Heft. Wie du einen Cluster zeichnest, kannst du auf Seite 25 nachschlagen.

Gefühle: *Angst, Hilflosigkeit, Mut, Stolz, Trotz …*

Aufgabe 5

Was sagt der Junge seinem Vater? Was ist geschehen, wie fühlt er sich? Schreibe mindestens zehn Sätze in dein Heft. Das Beispiel unten hilft dir. Beachte den Tipp in der Randspalte.

Ich hatte Angst.
Der Mann hat alles noch schlimmer gemacht. Er war gemein.
Ich schäme mich.

Tipp
Achte auf die richtige Zeitform und auf wörtliche Rede. Verwende Alltagssprache, d. h. gesprochene Sprache. Der Merkkasten zu Wortwahl und Sprache auf Seite 50 hilft dir. Die Sätze können kurz sein oder unvollständig.

Aufgabe 6

Was kann der Vater antworten? Wie kann er reagieren? Notiere Stichpunkte.

Aufgabe 7

Was sagt der Vater? Formuliere Sätze aus den Stichpunkten in Aufgabe 6. Schreibe mindestens zehn Sätze in dein Heft.

Aufgabe 8

Löse nun die Teilaufgabe 4 b) von Seite 63 auf eigenen Blättern, so wie in der Prüfung. Verwende dabei deine Ergebnisse der Aufgaben 2–7. Beachte den Tipp in der Randspalte. So könntest du beginnen:

Als der Junge am Abend nach Hause kommt, sitzt der Vater gerade im Wohnzimmer und schaut fern.
Tom: Hi, Dad.
Vater: Hallo Tom. Na, wie war's denn im Kino? Der Film war wohl nicht besonders lang?
Tom: Na ja, … ich, hm, … ich war gar nicht im Kino.
Vater: Was? Warum denn nicht? Du hast doch extra noch gejobbt und dich schon so auf den Film gefreut.
Tom: Tja, also … aber …

Tipp
Prüfe mit Hilfe des unteren Merkkastens auf Seite 64, ob dein Text die Merkmale eines Dialogs erfüllt.

Meine Bearbeitungszeit für die Teilaufgabe 4 b):

Übungsaufgabe

Bearbeite den folgenden Text so, wie du es in diesem Kapitel gelernt hast. Schreibe auf eigene Blätter, so wie in der Prüfung.

Tipp
Zur weiteren Übung kannst du unter Prüfungsbedingungen einen Aufsatz schreiben. Am Anfang ist es leichter, wenn du das Arbeitsheft danebenlegst und jeweils die Seiten aufschlägst, die du gerade zum Lösen brauchst.

Die Prüfungsaufgabe

Lies die Kurzgeschichte „Die Probe" von Herbert Malecha sorgfältig durch und bearbeite dann die folgenden Aufgaben. Bei Aufgabe 4 musst du a) oder b) wählen.

1: Gib den Inhalt des Textes in eigenen Worten wieder.
2: Beschreibe die äußere Gestalt sowie die Sprache des Textes. Belege deine Aussagen mit Beispielen aus dem Text.
3: Untersuche die mögliche Absicht des Autors und die Wirkung des Textes. Stelle auch einen Bezug zur Überschrift her.
4: a) Würdest du den Text „Die Probe" in der Schülerzeitung eurer Schule abdrucken? Begründe deine Entscheidung!
Oder:
b) Was könnte Redluffs Geheimnis sein? Warum ist er auf der Flucht? Erzähle den Anfang der Geschichte neu. Bleibe im Stil der Vorlage.

Herbert Malecha: Die Probe

Redluff sah, das schrille Quietschen der Bremsen noch in den Ohren, wie sich das Gesicht des Fahrers ärgerlich verzog. Mit zwei taumeligen Schritten war er wieder auf dem Gehweg. „Hat es Ihnen was gemacht?" Er fühlte sich am Ellbogen angefasst. Mit einer fast brüsken Bewegung machte er sich frei. „Nein, nein, schon gut. Danke", sagte er noch, beinah schon über die Schulter, als er merkte, dass ihm der Alte nachstarrte.

Eine Welle von Schwäche stieg von seinen Knien auf, wurde fast zur Übelkeit. Das hätte ihm gerade gefehlt, angefahren auf der Straße liegen, eine gaffende Menge und dann die Polizei. Er durfte jetzt nicht schwach werden, nur weiterlaufen, unauffällig weiterlaufen zwischen den vielen auf der hellen Straße. Langsam ließ das Klopfen im Halse nach. Seit drei Monaten war er zum ersten Mal wieder in der Stadt, zum ersten Mal wieder unter so viel Menschen. Ewig konnte er in dem Loch sich ja nicht verkriechen, er musste einmal wieder raus, wieder Kontakt aufnehmen mit dem Leben, überhaupt raus aus allem. Ein Schiff musste sich finden lassen, möglichst noch, bevor es Winter wurde. Seine Hand fuhr leicht über die linke Brustseite seines Jacketts, er spürte den Pass, der in der Innentasche steckte; gute Arbeit war dieser Pass, er hatte auch nicht schlecht dafür bezahlt.

Die Autos auf der Straße waren zu einer langen Kette aufgefahren. Nur stockend schoben sie sich vorwärts. Menschen gingen an ihm vorbei, kamen ihm entgegen; er achtete darauf, dass sie ihn nicht streiften. Einem Platzregen von Gesichtern war er ausgesetzt, fahle Ovale, die sich mit dem wechselnden Reklamelicht verfärbten. Redluff strengte sich an, den Schritt der vielen anzunehmen, mitzuschwimmen in dem Strom. Stimmen, abgerissene Gesprächsfetzen schlugen an sein Ohr, jemand lachte. Für eine Sekunde haftete sein Blick an dem Gesicht einer Frau, ihr offener, bemalter Mund sah schwarz gerändert aus. Die Autos fuhren jetzt an, ihre Motoren summten auf. Eine Straßenbahn schrammte vorbei. Und wieder Menschen, Menschen, ein Strom flutender Gesichter, Sprechen und hundertfache Schritte. Redluff fuhr unwillkürlich mit der Hand an seinen Kragen. An seinem Hals merkte er, dass seine Finger kalt und schweißig waren. Wovor hab ich denn eigentlich Angst, verdammte Einbildung, wer soll mich denn schon erkennen in dieser Menge, sagte er sich. Aber er spürte nur zu genau, dass er in ihr nicht eintauchen konnte, dass er wie ein Kork auf dem Wasser tanzte, abgestoßen und weitergetrieben. Ihn fror plötzlich. Nichts wie verdammte Einbildung, sagte er sich wieder. Vor drei Monaten war das ja noch anders, da stand sein Name schwarz auf rotem Papier auf jeder Anschlagsäule zu lesen, Jens Redluff; nur gut, dass das Foto so schlecht war. Der Name stand damals fett in den Schlagzeilen der Blätter, wurde dann klein und kleiner, auch das Fragezeichen dahinter rutschte in die letzten Spalten und verschwand bald ganz.

Redluff war jetzt in eine Seitenstraße abgebogen, der Menschenstrom wurde dünner, noch ein paar Abbiegungen, und die Rinnsale lösten sich auf, zerfielen in einzelne Gestalten, einzelne Schritte. Hier war es dunkler. Er konnte den Kragen öffnen und die Krawatte nachlassen. Der Wind brachte einen brackigen Lufthauch vom Hafen her. Ihn fröstelte.

Ein breites Lichtband fiel quer vor ihm über die Straße, jemand kam aus dem kleinen Lokal, mit ihm ein Dunst nach Bier, Qualm und Essen. Redluff ging hinein. Die kleine, als Café aufgetakelte Kneipe war fast leer, ein paar Soldaten saßen herum, grelle Damen in ihrer Gesellschaft. Auf den kleinen Tischen standen Lämpchen mit pathetisch roten Schirmen. Ein Musikautomat begann aus der Ecke zu hämmern. Hinter der Theke lehnte ein dicker Bursche mit bloßen Armen. Er schaute nur flüchtig auf.

„Konjak[1], doppelt", sagte Redluff zu dem Kellner. Er merkte, dass er seinen Hut noch in der Hand hielt, und legte ihn auf den leeren Stuhl neben sich. Er steckte sich eine Zigarette an, die ersten tiefen Züge machten ihn leicht benommen. Schon warm war

[1] richtige Schreibweise: Kognak

es hier, er streckte seine Füße lang aus. Die Musik hatte gewechselt. Über gezogen jaulenden Gitarretönen hörte er halblautes Sprechen, ein spitzes Lachen vom Nachbartisch. Gut saß es sich hier.

Der Dicke hinter der Theke drehte jetzt seinen Kopf nach der Tür. Draußen fiel eine Wagentür schlagend zu. Gleich darauf kamen zwei Männer herein, klein und stockig der eine davon. Er blieb in der Mitte stehen, der andere, im langen Ledermantel, steuerte auf den Nachbartisch zu. Keiner von beiden nahm seinen Hut ab. Redluff versuchte hinüberzuschielen, es durchfuhr ihn. Er sah, wie der Große sich über den Tisch beugte, kurz etwas Blinkendes in der Hand hielt. Die Musik hatte ausgesetzt. [...] Redluff klammerte sich mit der einen Hand an die Tischkante. Er sah, wie die Fingernägel sich entfärbten. Der rauchige Raum schien ganz leicht zu schwanken, ganz leicht. Ihm war, als müsste er auf dem sich neigenden Boden jetzt langsam samt Tisch und Stuhl auf die andere Seite rutschen. Der Große hatte seine Runde beendet und ging auf den anderen zu, der immer noch mitten im Raum stand, die Hände in den Manteltaschen. Redluff sah, wie er zu dem Großen etwas sagte. Er konnte es nicht verstehen. Dann kam er geradewegs auf ihn zu.

„Sie entschuldigen", sagte er, „Ihren Ausweis, bitte!" Redluff schaute erst gar nicht auf das runde Metall in seiner Hand. Er drückte seine Zigarette aus und war plötzlich völlig ruhig. Er wusste es selbst nicht, was ihn mit einmal so ruhig machte, aber seine Hand, die in die Innentasche seines Jacketts fuhr, fühlte den Stoff nicht, den sie berührte, sie war wie von Holz. Der Mann blätterte langsam in dem Pass, hob ihn besser in das Licht. Redluff sah die Falten auf der gerunzelten Stirn, eins, zwei, drei. Der Mann gab ihm den Pass zurück. „Danke, Herr Wolters", sagte er. Aus seiner unnatürlichen Ruhe heraus hörte Redluff sich selber sprechen. „Das hat man gern, so kontrolliert zu werden wie –", er zögerte etwas, „ein Verbrecher!" Seine Stimme stand spröde im Raum. Er hatte doch gar nicht so laut gesprochen. „Man sieht manchmal jemandem ähnlich", sagte der Mann, grinste, als hätte er einen feinen Witz gemacht. „Feuer?" Er fingerte eine halbe Zigarre aus der Manteltasche. Redluff schob seine Hand mit dem brennenden Streichholz längs der Tischkante ihm entgegen. Die beiden gingen.
Redluff lehnte sich in seinen Stuhl zurück. Die Spannung in ihm zerbröckelte, die eisige Ruhe schmolz. Er hätte jubeln können. Das war es, das war die Probe, und er hatte sie bestanden. Triumphierend setzte der Musikautomat wieder ein. „He, Sie vergessen Ihren Hut", sagte der Dicke hinter der Theke. Draußen atmete er tief, seine Schritte schwangen weit aus, am liebsten hätte er gesungen.

Langsam kam er wieder in belebtere Straßen, die Lichter nahmen zu, die Läden, die Leuchtzeichen an den Wänden. Aus einem Kino kam ein Knäuel Menschen, sie lachten und schwatzten, er mitten unter ihnen. Es tat ihm wohl, wenn sie ihn streiften. „Hans", hörte er eine Frauenstimme hinter sich, jemand fasste seinen Arm. „Tut mir leid", sagte er und lächelte in das enttäuschte Gesicht. Verdammt hübsch, sagte er zu sich. Im Weitergehen nestelte er an seiner Krawatte. Dunkel glänzende Wagen sangen über den blanken Asphalt, Kaskaden wechselnden Lichts ergossen sich von den Fassaden, Zeitungsverkäufer riefen die Abendausgaben aus. Hinter einer großen, leicht beschlagenen Spiegelglasscheibe sah er undeutlich tanzende Paare; pulsierend drang die Musik abgedämpft bis auf die Straße. Ihm war wie nach Sekt. Ewig hätte er so gehen können, so wie jetzt. Er gehörte wieder dazu, er hatte den Schritt der vielen, es machte ihm keine Mühe mehr. Im Sog der Menge ging er über den großen Platz auf die große Halle zu mit ihren Ketten von Glühlampen und riesigen Transparenten. Um die Kassen vor dem Einlass drängten sich die Menschen. Von irgendwoher flutete Lautsprechermusik. Stand dort nicht das Mädchen von vorhin? Redluff stellte sich hinter sie in die Reihe. Sie wandte den Kopf, er spürte einen Hauch von Parfüm. Dicht hinter ihr zwängte er sich durch den Einlass. Immer noch flutete die Musik, er hörte ein Gewirr von hunderten von Stimmen. Ein paar Polizisten suchten etwas Ordnung in das Gedränge zu bringen. Ein Mann in einer Art von Portiersuniform nahm ihm seine Einlasskarte ab. „Der, der!", rief er auf einmal und deutete aufgeregt hinter ihm her. Gesichter wandten sich, jemand im schwarzen Anzug kam auf ihn zu, ein blitzendes Ding in der Hand. Gleißendes Scheinwerferlicht übergoss ihn. Jemand drückte ihm einen Riesenblumenstrauß in die Hände. Zwei strahlend lächelnde Mädchen hakten ihn rechts und links unter, Fotoblitze zuckten. Und zu allem dröhnte eine geölte Stimme, die vor innerer Freudigkeit fast zu bersten schien: „Ich darf Ihnen im Namen der Direktion von ganzem Herzen gratulieren, Sie sind der hunderttausendste Besucher der Ausstellung!" Redluff stand wie betäubt. „Und jetzt sagen Sie uns Ihren werten Namen", schmalzte die Stimme unwiderstehlich weiter. „Redluff, Jens Redluff", sagte er, noch ehe er wusste, was er sagte, und schon hatten es die Lautsprecher dröhnend bis in den letzten Winkel der riesigen Halle getragen.

Der Kordon[2] der Polizisten, der eben noch die applaudierende Menge zurückgehalten hatte, löste sich langsam auf. Sie kamen auf ihn zu.

[2] der Kordon: die Reihe

ZU LYRIK SCHREIBEN

Inhaltsangabe

Was es ist (1979)

Erich Fried

Es ist Unsinn
sagt die Vernunft
Es ist was es ist
sagt die Liebe

Es ist Unglück
sagt die Berechnung
Es ist nichts als Schmerz
sagt die Angst
Es ist aussichtslos
sagt die Einsicht
Es ist was es ist
sagt die Liebe

Es ist lächerlich
sagt der Stolz
Es ist leichtsinnig
sagt die Vorsicht
Es ist unmöglich
sagt die Erfahrung
Es ist was es ist
sagt die Liebe

Die **Prüfungsaufgabe** könnte lauten:

Lies das Gedicht „Was es ist" von Erich Fried sorgfältig durch und bearbeite dann die folgenden Teilaufgaben. Bei der Teilaufgabe 4 musst du a) oder b) wählen.

Teilaufgabe 1: Informiere über Aufbau und Inhalt des Gedichts „Was es ist" von Erich Fried.

Teilaufgabe 2: Beschreibe die äußere Gestalt und die Sprache des Textes. Belege deine Aussagen mit Textzitaten.
Teilaufgabe 3: Was könnte der Autor mit dem Gedicht ausdrücken? Wie wirkt das Gedicht?
Teilaufgabe 4: a) In der nächsten Ausgabe der Schülerzeitung eurer Schule sollen Liebesgedichte abgedruckt werden. Würdest du das Gedicht von Erich Fried dort abdrucken wollen? Begründe deine Entscheidung!
Oder:
b) Schreibe im Stil Erich Frieds ein Gedicht zum Thema „Krieg".

Hier kannst du üben, wie du die Teilaufgabe 1 bearbeitest.

Tipp
Schreibe das Gedicht mit viel Platz zwischen den Zeilen auf ein leeres Blatt. Du kannst es dann zum Bearbeiten der Aufgaben neben das Heft legen. Außerdem kennst du den Text dann schon gut.

Die Teilaufgabe 1 verstehen

Aufgabe 1

a) Wozu fordert dich die Teilaufgabe 1 auf? Kreuze die richtigen Antworten an.
b) Korrigiere dein Ergebnis mit Hilfe des Lösungsheftes.

- ☐ Ich beschreibe in eigenen Worten, worum es im Gedicht geht.
- ☐ Ich informiere darüber, aus wie vielen Strophen und Versen das Gedicht besteht.
- ☐ Ich nenne im ersten Satz den Namen des Autors oder der Autorin und den Titel des Gedichts.
- ☐ Ich untersuche genau die Reime, zähle die Wörter und schreibe alles hin, was mir einfällt.

Erstes Lesen

Beim ersten Lesen verschaffst du dir einen Überblick darüber, **was** in dem Gedicht beschrieben wird. Eine Erklärung zum Gedicht findest du in der Randspalte.

Aufgabe 2

a) Lies das nebenstehende Gedicht „Was es ist" einmal aufmerksam durch.
b) Beschreibe in einem Satz, worum es in diesem Gedicht geht.

*Ein **Gedicht** ist ein Text, der meist in **Verse** (Gedichtzeilen) und **Strophen** gegliedert ist. Eine Strophe fasst mehrere Verse in einem Absatz zusammen. Die Form des Gedichts ist nicht durch Schriftgröße und Papierformat bestimmt, sondern vom Autor bewusst gewählt.*
Die Sprache des Gedichts ist keine Alltagssprache, sondern enthält viele Symbole und sprachliche Bilder.

Tipp
*Besonders die **Überschrift** verrät dir meistens viel über das **Thema** des Gedichts.*

Aufgabe 3

a) Lies die Überschrift. Wie könnte eine andere Überschrift für das Gedicht lauten? Schreibe eine passende Überschrift auf.

---

b) Beziehe jetzt die Überschrift von Fried und deine eigene in deine Überlegungen ein. Schreibe in dein Heft, worum es im Gedicht geht.

Zweites, aktives Lesen

Beim aktiven Lesen achtest du darauf, **wie** der Text geschrieben ist.

Tipp
Wähle beim Markieren jeweils eine Farbe aus, die deiner Meinung nach zum Wort passt.
- *z. B.: Welche Farbe passt am besten zum Wort „Liebe“?*
- *Ist deine Stimmung beim Wort „Unglück“ positiv oder negativ und welche Farbe passt für dich dazu?*

Aktives Lesen bedeutet, dass du einen Text sorgfältig mit einem **Stift** in der Hand liest. Dabei streichst du alle Auffälligkeiten an und kommentierst sie.
Du kannst:
- in verschiedenen Farben unterstreichen, unterwellen oder -stricheln.
- (einklammern) oder einkreisen.
- in verschiedenen Farben markieren.
- Anstreichungen am Rand durch Zahlen oder Stichworte kommentieren.

Aufgabe 4

Zähle im Gedicht „Was es ist“ die Strophen und Verse und notiere sie rechts neben dem Gedicht. In der Randspalte auf Seite 71 unten wird erklärt, was Strophen und Verse sind.

Aufgabe 5

Welche Wörter fallen besonders auf, weil sie sich wiederholen? Umkreise Verben mit einer Farbe und andere auffällige Wörter mit einer anderen Farbe. Beachte den Merkkasten.

Aufgabe 6

Was fällt dir an den Versenden auf? Streiche an den Versenden nur die Nomen mit ihren Artikeln farbig an. Beachte den Merkkasten und den Tipp daneben.

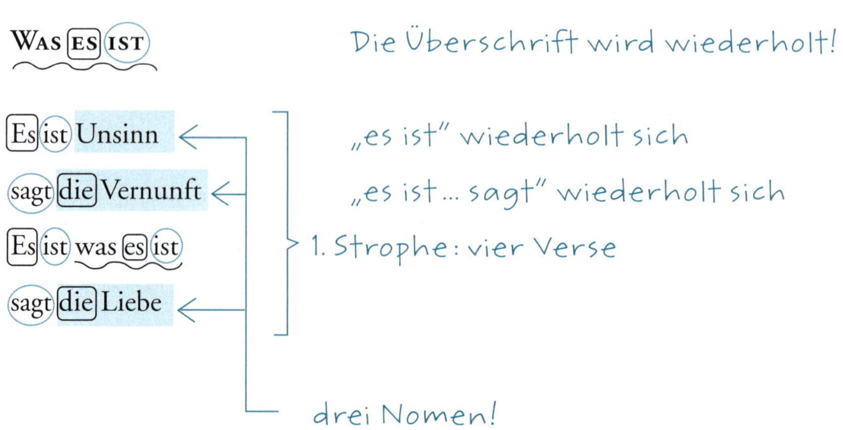

W-Fragen beantworten

Bei der Erarbeitung der Inhaltsangabe helfen dir die W-Fragen.

Die **W-Fragen** sind:
Wer? Wie? Was?
Wo? Wann? Warum?

Aufgabe 7

Wer handelt bzw. wer sagt im Gedicht etwas? Schreibe alle Sprecher auf. Schreibe in Klammern dazu, wenn ein Sprecher mehrmals auftaucht.

Vernunft (1 ×),

Aufgabe 8

*Notiere **die Sprecher**, was sie sagen und wie oft sie es sagen. Schreibe ganze Sätze in der direkten Rede und verwende dabei alle dazugehörigen Satzzeichen, also auch die Anführungszeichen. Beachte die Tipps in der Randspalte.*

Die Vernunft sagt: „Es ist Unsinn." (1 ×)

Tipp
Dichter verzichten häufig auf die Interpunktion, setzen also manchmal keine Punkte, Kommas, Anführungsstriche usw.

Tipp
*Zur **direkten Rede** findest du auf Seite 49 einen Merkkasten.*

Aufgabe 9

Wer oder was sind die Sprecher im Gedicht? Kreuze die passende Antwort an.

- ☐ Personen
- ☐ menschliche Eigenschaften und Gefühle
- ☐ Naturdinge
- ☐ Gegenstände oder Sachen

Aufgabe 10

a) Im Gedicht wird über ein „Es" gesprochen. Schreibe in einem Satz in dein Heft, was mit dem Wort vermutlich gemeint ist.
b) Notiere in Stichworten neben dem Gedicht auf Seite 70, welche Aussagen positiv und welche negativ sind.
c) Warum sind die Aussagen so unterschiedlich? Schreibe die Antwort in ganzen Sätzen in dein Heft.

Den Inhalt zusammenfassen

Einleitend schreibst du, um welches Gedicht es sich handelt.

Aufgabe 11

Ergänze den Lückentext. Verwende dabei die Zahlen, die du zu Aufgabe 4 neben dem Gedicht notiert hast. Beachte den Tipp in der Randspalte.

Das Gedicht „ ______________________ " von ______________________

besteht aus __________ Strophen. Die erste Strophe besitzt ______ Verse,

die zweite und die dritte Strophe jeweils ________ Verse.

Tipp
*Schreibe **die Zahlen von eins bis zwölf** aus (in Worten und nicht als Ziffern).*

Aufgabe 12

Löse die Teilaufgabe 1 von Seite 71 auf einem eigenen Blatt, so wie in der Prüfung. Verwende dazu die Ergebnisse aus diesem Kapitel.
Schreibe zuerst den Einleitungssatz wie in Aufgabe 11. Der Merkkasten hilft dir.

Meine Bearbeitungszeit für die Teilaufgabe 1:

So beschreibst du Aufbau und Inhalt eines Gedichts:

In ein bis zwei einleitenden Sätzen nennst du:
- **Titel, Autor, Textart (Gedicht), Thema (=TATT)**
- die Zahl der **Strophen** und **Verse** des Gedichts

Im Hauptteil beschreibst du den Inhalt des Gedichts.
Dabei helfen dir folgende **W-Fragen**:
- **Worum** geht es in dem Gedicht?
- **Wer** spricht?
- **Was** wird gesagt und wie lang sind die Aussagen?
- Wird etwas durch Wiederholungen hervorgehoben und wenn ja, **was**?
- **Wie** sind die Aussagen: positiv oder negativ?

Beachte:
Schreibe ganze Sätze im **Präsens (Gegenwart)!**
In der Inhaltsangabe nimmst du noch **keine eigene Bewertung** vor!

Aufgabe 13

Kopiere die Checkliste auf Seite 96 und überarbeite deine Lösung aus Aufgabe 12 mit Hilfe der Liste.

ZU LYRIK SCHREIBEN

Vorübungen für die Teilaufgabe 2

In der Teilaufgabe 2 untersuchst du die Form und die Sprache des Gedichts.

Autoren gestalten die **Form** eines Gedichts durch **Reim** und **Metrum**.
Die **Sprache** eines Gedichts ist bewusst gewählt. Es werden **sprachliche Bilder** wie Vergleich, Metapher und Symbol verwendet sowie andere **Stilmittel**.

Reim

Viele Gedichte reimen sich am Versende. Es gibt verschiedene **Reimformen:**
- **Endreim**: Die Versenden reimen sich, klingen gleich.
- **Binnenreim**: Das Versende reimt sich mit einem Wort aus dem Versinneren, wie z. B. in *Stille Nacht zur ersten Wacht*.
- **Unreiner Reim**: Beim unreinen Reim sind die Vokale oder die Konsonanten der Reimwörter nur ähnlich, aber nicht gleich, wie z. B. bei *Frage* und *schade* oder *Blick* und *Stück*.

Tipp
Zwei Wörter reimen sich, wenn sie vom letzten betonten Vokal an gleich klingen. Man kann sich mit Hilfe eines Reimes ein Gedicht viel besser merken, wie bei einem Musikstück.

Gereimte Gedichte haben oft ein Reimschema, eine bestimmte Folge von Reimen.
So kannst du **das Reimschema einzeichnen**:
Die Reime werden mit Kleinbuchstaben bezeichnet. Du schreibst hinter das letzte Wort im ersten Vers ein **a**. Wenn sich das letzte Wort im nächsten Vers darauf reimt, schreibst du wieder ein **a** hin. Wenn es sich nicht reimt, schreibst du ein **b** hin.

Dieses Muster setzt du fort, z. B.:

... Haus	a
... Maus	a
... Speck	b
... Falle	c
... weg	b

Manche **Reimschemata** haben feste Namen:

Paarreim:	aa...
Kreuzreim:	abab...
Umarmender Reim:	abba...
Haufenreim:	aaabbb...
Schweifreim:	aabccb...

Tipp
Notiere in einer Prüfung auch, wenn sich ein Gedicht nicht reimt oder wenn es sich um unreine Reime handelt.

Aufgabe 1

Zeichne im Gedichtauszug aus „Deutschland. Ein Wintermärchen" von Heinrich Heine das Reimschema ein.

Im traurigen Monat November war's, ______
Die Tage wurden trüber, ______
Der Wind riss von den Bäumen das Laub, c
Da reist' ich nach Deutschland hinüber. ______

Metrum

Aufgabe 2

a) Lies nacheinander erst alle Wörter laut. Achte auf die Betonung.
b) Aus wie vielen Silben bestehen die Wörter? Auf welchen Silben betonst du sie? Zeichne für jede Silbe ein Kreuz und kreise jeweils die betonte Silbe ein.

Gedicht x ⊗ ______ Fantasie ______

Butter ______ großartig ______

Das **Metrum** bezeichnet die Abfolge von betonten und unbetonten Silben eines jeden Verses. **Betonte Silben** nennt man **Hebungen**. **Unbetonte Silben** heißen **Senkungen**. Für jede Silbe eines Wortes machst du ein Kreuz.
Betonte Silben (Hebungen) werden mit einem Strich über dem x́ markiert.

x x́
Zum Beispiel: Gedicht

Tipp
So markierst du das Metrum:
- *eine Hebung x́ (betont)*
- *eine Senkung x (unbetont)*

zum Beispiel:

x́ x
Unsinn

x x́ x
Erfahrung

Aufgabe 3

a) Lies die folgenden zwei Gedichtauszüge laut.
b) Markiere die betonten und unbetonten Silben über den Zeilen und schreibe die Form des Metrums über jedes Gedicht. Beachte den Tipp in der Randspalte.

x́ x x́ x x́ x x́ x x́
Augen, meine lieben Fensterlein,
Gebt mir schon so lange holden Schein,
Lasset freundlich Bild um Bild herein:
Einmal werdet ihr verdunkelt sein!

(aus: Gottfried Keller: Abendlied)

Die Welle wieget unsern Kahn
Im Rudertakt hinauf,
Und Berge, wolkig himmelan,
Begegnen unserm Lauf.

(aus: Johann Wolfgang Goethe: Auf dem See)

Metrumformen
Einige Folgen von Hebungen und Senkungen haben bestimmte Namen:

x x́
***Jambus**: z. B. Po-et*

x́ x
***Trochäus:** z. B. Dich-ter*

x x x́
***Anapäst:** z. B. Po-e-sie*

x́ x x
***Daktylus:** z. B. Schrift-stel-ler*

Aufgabe 4

Zähle die Hebungen in den oberen zwei Gedichtauszügen und ergänze den unteren Lückentext. Beachte den unteren Tipp in der Randspalte.

Das Metrum von Kellers „Abendlied" ist ein ______ hebiger Trochäus.

Das Metrum von Goethes „Auf dem See" ist ein ______ hebiger ______ .

Tipp
Man zählt beim Metrum die Hebungen pro Vers und formuliert so: ein vierhebiger Jambus, ein dreihebiger Daktylus ...

Sprachliche Bilder: Vergleich, Metapher, Symbol

Aufgabe 5

Überlege dir zu den Tieren jeweils ein passendes Adjektiv für den Vergleich.

a) Sie ist ______________ wie ein Esel.

b) Sie ist ______________ wie ein Löwe.

*Beim **Vergleich** wird etwas oder jemand mit einem Bild verglichen. Der Vergleich enthält immer das Wörtchen „**wie**“, z. B.: Er redet wie ein Wasserfall.*

Bei der **Metapher** wird das Gemeinte nur indirekt **durch ein Bild bezeichnet**. Dabei wird ein Wort aus einem („normalen“) Sinnzusammenhang in einen anderen (ungewöhnlichen) Sinnzusammenhang übertragen, z. B.: *entflammte Liebe*.
Das Wort „entflammt“ passt normalerweise zu: Stroh, Holz, Feuer, Zigarette.
Wenn die Liebe entflammt ist, dann könnte die Bedeutung der Metapher z. B. sein:
Die Liebe ist stark, heiß und fing ganz plötzlich an. Sie brennt nun wie Feuer.

Aufgabe 6

Welche metaphorischen Redewendungen stellen die Bilder dar? Schreibe die Metapher über das Bild und die Bedeutung unter das Bild. Der Merkkasten hilft dir.

Metapher: ______________ ______________

a) 

b) 

Bedeutung: ______________ ______________

______________ ______________

Aufgabe 7

Schreibe links neben das Symbol, was dargestellt ist, und rechts daneben die Bedeutung.

Symbol: Bedeutung:

______________  ______________

______________  ______________

______________  ______________

*Das **Symbol** ist ein bildhaftes Zeichen. Meist ist es ein konkreter Gegenstand (Herz, Kreuz) und hat eine feststehende, allgemein bekannte Bedeutung.*

Kurt Tucholsky: **Augen in der Grossstadt** (1930)

Wenn du zur Arbeit gehst
am frühen Morgen,
wenn du am Bahnhof stehst
mit deinen Sorgen:
da zeigt die Stadt
dir asphaltglatt
im Menschentrichter
Millionen Gesichter:
Zwei fremde Augen, ein kurzer Blick,
die Braue, Pupillen, die Lider –
Was war das? vielleicht dein Lebensglück …
vorbei, verweht, nie wieder.

Du gehst dein Leben lang
auf tausend Straßen;
du siehst auf deinem Gang,
die dich vergaßen.
Ein Auge winkt,
die Seele klingt;
du hasts gefunden,
nur für Sekunden …
Zwei fremde Augen, ein kurzer Blick,
die Braue, Pupillen, die Lider;
Was war das?
kein Mensch dreht die Zeit zurück …
Vorbei, verweht, nie wieder.

Du mußt auf deinem Gang
durch Städte wandern;
siehst einen Pulsschlag lang
den fremden Andern.
Es kann ein Feind sein,
es kann ein Freund sein,
es kann im Kampfe dein
Genosse[1] sein.
Es sieht hinüber
und zieht vorüber …
Zwei fremde Augen, ein kurzer Blick,
die Braue, Pupillen, die Lider.
Was war das?
Von der großen Menschheit ein Stück!
Vorbei, verweht, nie wieder.

R

[1] Genosse: Gefährte, Kamerad

ZU LYRIK SCHREIBEN

Äußere Gestalt und Sprache des Gedichts

Die Prüfungsaufgabe

Lies das Gedicht „Augen in der Großstadt" von Kurt Tucholsky sorgfältig durch und bearbeite dann die folgenden Teilaufgaben. Bei der Teilaufgabe 4 musst du a) oder b) wählen.

Teilaufgabe 1: Informiere über Aufbau und Inhalt des Gedichts „Augen in der Großstadt" von Kurt Tucholsky.

Teilaufgabe 2: Beschreibe die äußere Gestalt und die Sprache des Textes. Belege deine Aussagen mit Textzitaten.

Teilaufgabe 3: Was könnte der Autor mit dem Gedicht ausdrücken? Wie wirkt das Gedicht?

Teilaufgabe 4: a) In der nächsten Ausgabe der Schülerzeitung eurer Schule sollen Gedichte zum Thema „Stadt" abgedruckt werden. Würdest du das Gedicht von Kurt Tucholsky dort abdrucken wollen? Begründe deine Entscheidung.

Oder:

b) Erörtere kurz die Frage: Ist es eher ein Vorteil oder ein Nachteil, in der Großstadt aufzuwachsen?

Bei den Teilaufgaben 2, 3 und 4 arbeitest du mit dem Gedicht „Augen in der Großstadt" von Kurt Tucholsky.

Hier kannst du üben, wie du die Teilaufgabe 2 bearbeitest.

Tipp
Schreibe das Gedicht mit viel Platz zwischen den Zeilen auf ein leeres Blatt. Du kannst es dann zum Bearbeiten der Aufgaben neben das Heft legen. Außerdem kennst du den Text dann schon gut.

Aufgabe 1

Löse die Teilaufgabe 1 zum Gedicht von Kurt Tucholsky (Inhaltsangabe). Schreibe auf ein eigenes Blatt, so wie in der Prüfung. Wenn du beim Lösen der ersten Teilaufgabe unsicher bist, schlage auf den Seiten 70–74 nach.

Die Teilaufgabe 2 verstehen

Aufgabe 2

Was verlangt die Teilaufgabe 2 von dir? Notiere Stichpunkte in dein Heft. Beachte den Tipp in der Randspalte.

Tipp
Wenn dir nicht klar ist, was die Aufgabe von dir verlangt, blättere dieses und das vorherige Kapitel durch. Achte auf die Überschriften.

Die Form des Gedichts untersuchen

Aufgabe 3

a) Lies das Gedicht „Augen in der Großstadt" von Kurt Tucholsky aktiv.
b) Was fällt dir an der Anordnung der Verse auf? Notiere Stichworte neben dem Gedicht.
c) Achte auf den ***Endreim****. Zeichne das* ***Reimschema*** *ein.*
d) Kennzeichne im Gedicht die ***unreinen Reime*** *am Versende.*
e) Zeichne nun auch ***das Metrum*** *ein und notiere es ebenfalls am rechten Rand.*

Tipp
Zum aktiven Lesen schlage auf Seite 72 nach.
Die Reimformen und Reimschemata findest du auf Seite 75.

Sprachliche Bilder: Die Metapher

Aufgabe 4

a) Lies den Merkkasten zur Metapher auf S. 77.
b) Finde die Metaphern in dem Gedicht und markiere sie.

Aufgabe 5

Hier sind einige Metaphern: Augen in der Großstadt, im Menschentrichter, die Seele klingt, einen Pulsschlag lang.
a) Was ist mit den unterstrichenen Wörtern normalerweise gemeint? Wozu werden sie gebraucht? Schreibe Stichworte in dein Heft.
b) Schreibe in Stichworten darunter, was die Metapher bedeuten könnte.
c) Mache diese Übung auch für die anderen Metaphern, die du gefunden hast.
So könnte dein Hefteintrag aussehen:

Metapher:	„Augen in der Großstadt“
normale Bedeutung:	Sinnesorgane von Menschen und Tieren
	sehen, schauen, beobachten
Bedeutung der Metapher:	Menschen in der Großstadt
	viele Augen schauen einen an

Weitere Stilmittel

Neben sprachlichen Bildern wie Vergleich, Metapher, Symbol gibt es viele weitere stilistische und sprachliche Gestaltungsmittel, so genannte „Stilmittel“.

Personifikation: Wenn abstrakte Begriffe (Einsicht), Dinge (Tisch) oder Tiere (Ameise) wie Menschen auftreten oder benannt werden, spricht man von einer Personifikation, z. B.: *Vater Rhein* – der Fluss wird wie ein Vater dargestellt, also personifiziert.

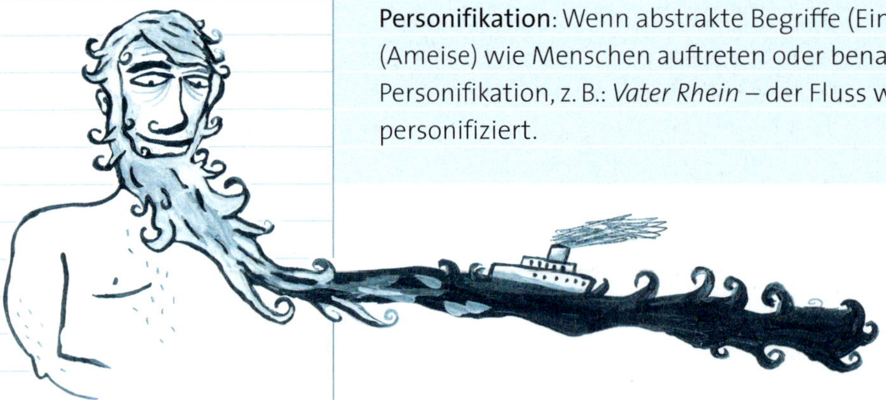

Aufgabe 6

a) Lies das Gedicht nochmals durch und kreise die Personifikationen, die du findest, ein. Der Merkkasten hilft dir.
b) Welche Bedeutung könnten die Personifikationen haben? Schreibe zu jeder Personifikation eine Bedeutung in dein Heft. Schreibe die Bedeutung in ganzen Sätzen auf.

Wiederholung: Manchmal werden ganze Wörter oder sogar Wortgruppen wiederholt.

- Wiederholen sich im Gedicht mehrere Verse einmal oder mehrmals am Strophenende, so spricht man von einem **Refrain**.
- Werden gleichlautende Versanfänge wiederholt, so spricht man von **Anaphern**, z. B.: *Will keiner singen?*
  Will keiner lachen?

*Ein häufiges Gestaltungsmittel in Gedichten ist die **Wiederholung**. Verwandte Gestaltungsmittel sind der Refrain und die Anapher. Alle Stilmittel kannst du auf Seite 94 nachschlagen.*

Aufgabe 7

a) Sieh dir im Gedicht die Wörter und Verse an, die sich wiederholen. Notiere am Rand, ob es sich dabei um Anaphern oder Refrains handelt. Der Merkkasten hilft dir.
b) Notiere, ob die Refrains genau übereinstimmen. Lies dazu die Erklärung in der Randspalte. Schreibe Stichworte neben das Gedicht.

*Werden Wörter oder Wortgruppen mit einer kleinen Abweichung wiederholt, spricht man von einer **Variation**.*

Aufgabe 8

Was fällt dir in den Zeilen 30 und 31 auf? Lies dazu die Erklärung in der Randspalte. Notiere deine Beobachtungen in Stichworten neben dem Gedicht.

*Beim **Gegensatz** bedeuten die verwendeten Wörter das Gegenteil, z. B.:*
Natur und Technik,
Glaube und Vernunft,
Groß und Klein.

Von einer **Alliteration** spricht man, wenn Wörter mit genau dem gleichen Buchstaben beginnen, z. B.: *Fischers Fritz fischt frische Fische.*

Aufgabe 9

Im letzten Vers des Gedichts findet sich noch ein Stilmittel, die Alliteration. Lies dazu die Erklärung im Merkkasten. Um welche Wörter handelt es sich?

Tipp
Wie du zitierst, kannst du auf Seite 47 nachschlagen.

Ein weiteres Stilmittel ist die **Übertreibung (Hyperbel)**. Durch sie wird etwas besonders hervorgehoben, z. B.: *Der Hund hatte Augen, so groß wie Autoreifen. Tausende von Männern lagen ihr zu Füßen.*

Aufgabe 10

Wo wird in der ersten Strophe das Stilmittel der Übertreibung verwendet? Unterstreiche das Wort im Text und schreibe das Zitat mit Zeilenangabe auf.

Wortwahl und Satzbau

Autoren von Gedichten gestalten Wörter und Sätze ganz bewusst, um dadurch eine besondere Wirkung zu erzielen. Untersuche **in einem ersten Schritt**, ob eine **Wortart** besonders häufig vorkommt. **In einem zweiten Schritt** machst du dasselbe hinsichtlich der **Satzarten**, der **Satzlänge** und des **Satzbaus**.

Wortarten:
einfache Nomen, zusammengesetzte Nomen, Adjektive, Präpositionen, Pronomen ...

Satzarten:
Aussagesätze, Fragesätze, Ausrufesätze, Befehlssätze, Kausalsätze, Konditionalsätze, Finalsätze ...

Satzbau:
Hauptsätze, Nebensätze, Sätze mit umgestellten Verben ...

Aufgabe 11

Beantworte die folgenden Fragen in Stichworten in deinem Heft. Die Informationen in der Randspalte helfen dir.
a) Kommt im Gedicht „Augen in der Großstadt" eine Wortart besonders häufig vor? Wenn ja, welche?
b) Welche Satzarten werden verwendet?
c) Was kannst du zum Satzbau und zur Satzlänge sagen?

Wenn sich ein Satz über zwei oder mehrere Verse erstreckt, spricht man von einem **Zeilensprung** oder **Enjambement.**

Tipp
Lies beide Gedichte laut. Mache nach jeder Zeile eine längere Pause.

Aufgabe 12

Lies den mittleren Merkkasten. Beantworte die Fragen in deinem Heft.
a) Vergleiche diese Strophen. In welcher Strophe wird der Zeilensprung verwendet?
b) Wie wirkt die Strophe ohne Zeilensprung auf dich, verglichen mit der anderen? Beachte den Tipp in der Randspalte.
c) In welchen Zeilen verwendet Tucholsky den Zeilensprung?

ottos mops trotzt
otto: fort mops fort
ottos mops hopst fort
otto: soso

(aus: Ernst Jandl: ottos mops)

Du gehst dein Leben lang
auf tausend Straßen;
du siehst auf deinem Gang,
die dich vergaßen.

(aus: Kurt Tucholsky: Augen in der Großstadt)

Wenn Sätze verkürzt sind und Satzteile weggelassen werden, dann nennt man das **Ellipse**. Der Satz *Nichts weggelassen bei Tucholsky* wäre eine Ellipse, da es richtig heißen müsste: *Bei Tucholsky wurde nichts weggelassen.*

Aufgabe 13

a) Lies den unteren Merkkasten.
b) Schreibe die Ellipsen aus dem Gedicht „Augen in der Großstadt" als Zitate hier auf.

Aussagen mit Zitaten belegen

Aufgabe 14

Beginne nun, die Teilaufgabe 2 für das Gedicht „Augen in der Großstadt" ganz zu lösen und fülle in den Lückentexten alle Leerstellen aus. Beachte die Tipps in der Randspalte.

Das Reimschema, der Reim und das Metrum:

1. Strophe: Kreuzreim (abab),
Paarreim (ccdd),
______________ (efef),

2. Strophe: ______________ (____),
______________ (____),
Kreuzreim, mit eingeschobenem Vers (efkef),

3. Strophe: Kreuzreim (lmlm),
______________ (nnnn),
Paarreim (oo),
______________ (____),

Unreine Reime:
„Blick" (Zeile ____) und „______________" (Zeile ____),
__________ (Zeile ____) und ______________ (Zeile ____),
__________ (Zeile ____) und ______________ (Zeile ____)

Metrum:
ein nicht regelmäßiger und nicht durchgängiger __________

Aufgabe 15

Trage die Stilmittel aus den Aufgaben 5–13 zusammen. Schreibe Stichworte in dein Heft.

Aufgabe 16

Löse die Teilaufgabe 2 auf einem eigenen Blatt, so wie in der Prüfung. Verwende dazu deine Ergebnisse aus den Aufgaben 14–15.

Aufgabe 17

Kopiere die Checkliste auf Seite 96 und überarbeite deine Lösung der Aufgabe 16 mit Hilfe der Liste.

Tipp
*Nach dem aktiven Lesen notierst du deine Beobachtungen zu Form und Sprache **in Stichpunkten.** Dazu zitierst du immer die entsprechende **Textstelle mit Zeilenangabe**. Gehe in einer bestimmten Reihenfolge vor. Beginne mit Reim, Metrum und sprachlichen Bildern und notiere danach alle anderen stilistischen und sprachlichen Besonderheiten im Gedicht.*

Tipp
*Du kannst alle **Stilmittel** am Ende dieses Kapitels auf Seite 94 nachschlagen.*

Meine Bearbeitungszeit für die Teilaufgabe 2:

Zu Lyrik schreiben

Absicht des Autors / der Autorin und Wirkung des Gedichts

Das Gedicht findest du auf der Seite 78.

Die Prüfungsaufgabe

Lies das Gedicht „Augen in der Großstadt" von Kurt Tucholsky sorgfältig durch und bearbeite dann die folgenden Teilaufgaben. Bei der Teilaufgabe 4 musst du a) oder b) wählen.

Teilaufgabe 1: Informiere über Aufbau und Inhalt des Gedichts „Augen in der Großstadt" von Kurt Tucholsky.

Teilaufgabe 2: Beschreibe die äußere Gestalt und die Sprache des Textes. Belege deine Aussagen mit Textzitaten.

Teilaufgabe 3: Was könnte der Autor mit dem Gedicht ausdrücken? Wie wirkt das Gedicht?

Teilaufgabe 4: a) In der nächsten Ausgabe der Schülerzeitung eurer Schule sollen Gedichte zum Thema „Stadt" abgedruckt werden. Würdest du das Gedicht von Kurt Tucholsky dort abdrucken wollen? Begründe deine Entscheidung.

Oder:

b) Erörtere kurz die Frage: Ist es eher ein Vorteil oder ein Nachteil, in der Großstadt aufzuwachsen?

*Während es bei der Teilaufgabe 1 um den Inhalt, das „Was", und bei der Teilaufgabe 2 um das „Wie" ging, sollst du bei der Teilaufgabe 3 das „**Warum**" klären: Warum hat der Autor / die Autorin das Gedicht auf diese Art und Weise gestaltet und **was drückt das Gedicht aus**?*

Die Teilaufgabe 3 verstehen

Aufgabe 1

a) Lies den Merkkasten.
b) Formuliere in eigenen Worten, was die Teilaufgabe 3 von dir verlangt. Lies dazu den Merkkasten und decke ihn dann ab. Schreibe ganze Sätze in dein Heft.

Bei der Teilaufgabe 3 beantwortest du diese Fragen:
Wirkung des Textes:
- Worum geht es im Wesentlichen?
- Wie wirkt der Text auf dich?
- Wodurch wird das erreicht?
- Was wird nicht thematisiert, das deiner Meinung nach zum Thema gehört?

Überschrift:
- Was bedeutet die Überschrift?

Der **Autor/die Autorin** und **seine / ihre Zeit**:
- Gibt es Verbindungen zum Leben und zum übrigen Werk des Autors / der Autorin?
- Spiegelt das Thema etwas für die damalige Zeit Typisches wider?

Die Inhaltsangabe nutzen

Aufgabe 2

Lies deine Notizen zur Teilaufgabe 1 und deine Inhaltsangabe. Notiere in Stichworten, worüber Tucholsky schreibt. Denke an die Überschrift.

Großstadt, Sorgen, Hektik,

Einen Cluster zum Gedicht zeichnen

Aufgabe 3

a) Lies noch einmal das Gedicht und deine Ergebnisse zu Teilaufgabe 2.
b) Zeichne einen Cluster zu dem Gedicht in dein Heft.
Notiere Stichworte zu den folgenden Fragen darin.

- *Welche Bedeutung haben die Metaphern und andere Gestaltungsmittel?*
- *Was fällt dir beim Lesen des Gedichts und deiner Notizen ein?*
- *Ist die Stimmung im Gedicht eher negativ oder eher positiv?*
- *Was fühlst du, wenn du die einzelnen Zeilen liest?*

So kannst du den Cluster beginnen:

Tipp
Wie du einen Cluster anlegst, findest du auf Seite 25.

Fragen an das Gedicht stellen

Aufgabe 4

Stell dir das Bild vor, das Tucholsky beschreibt: du, auf einem Foto, inmitten von Millionen anderer Gesichter. Schreibe deine Antwort in ganzen Sätzen auf.

- *Wie kommst du dir vor?*
- *Was fühlst du?*
- *Was tust du?*

Aufgabe 5

Beantworte die folgenden Fragen in ein bis zwei Sätzen.

- Warum wird das Wort „Augen“ verwendet?

- Warum kommen so viele Augen und so viele Menschen im Gedicht vor?

- Wie ist das Verhältnis des Beobachters zu den Menschen, die ihm begegnen?

- Was gehört für dich noch zur Großstadt, was nicht im Gedicht steht?

- Sieh dir jeweils den Refrain an. Warum variiert der Refrain? Was bedeutet z. B. die Variation „kein Mensch dreht die Zeit zurück" im mittleren Refrain?

- **variieren**: *verschieden sein; abweichen; [ab]wandeln*
- **Variation**, *die: Abwechslung; Abänderung; Abwandlung*

- Sieh dir jeweils den Schluss der drei Strophen an: Was bedeutet der Satz: „Vorbei, verweht, nie wieder"? Wie wirkt der Satz?

Aufgabe 6

Was drückt das Gedicht aus?
Schreibe mindestens sechs Sätze dazu in dein Heft.
Verwende dabei die Lösungen zu den Aufgaben 2–5.
Die Formulierungsvorschläge unten helfen dir.

In dem Gedicht „ … " von … geht es um …
Das Gedicht beschreibt / thematisiert / handelt von …
Das Gedicht stellt … dar.
Der Autor / die Autorin drückt … aus.
Der Autor / die Autorin spricht von / behandelt / beschreibt / beurteilt …
Der Autor / die Autorin zeigt / verwendet / stellt … dar.
Auffallend oft werden Wörter wie … verwendet.
Beim Lesen weckt das Gedicht ein Gefühl von …
Die Stimmung im Gedicht ist …
In dem Gedicht werden … und … gegenübergestellt.
Es fällt auf, dass …
Das Gedicht wirkt auf mich …

Kenntnisse zum Autor und zur Entstehungszeit des Gedichts nutzen

Nutze Vorkenntnisse, die du vom Autor oder von der Autorin hast.
- Was weißt du über sein oder ihr **Leben**?
- Kennst du **andere Gedichte** von ihm oder von ihr? Waren sie ähnlich?
- In welcher **Zeit** hat der Autor oder die Autorin gelebt und was ist damals passiert?

Kurt Tucholsky (einige Pseudonyme: Ignaz Wrobel, Theobald Tiger, Peter Panter und Kaspar Hauser): Er wurde am 9. 1. 1890 in Berlin geboren; er wuchs dort auf, machte Abitur und studierte Jura. 1915 wurde er zum Militär eingezogen und musste an die Ostfront. Nach dem Krieg arbeitete Tucholsky als Redakteur und Journalist. Er veröffentlichte zahlreiche kritische Beiträge zu aktuellen politischen und kulturellen Ereignissen sowie Buchbesprechungen. Tucholsky ist Autor vieler Gedichte, Chansons und Romane. Bekannt ist er bis heute als vehementer Kriegsgegner: Der Ausspruch „Soldaten sind Mörder" stammt von Kurt Tucholsky. 1924 – 1929 lebte er als Korrespondent in der Großstadt Paris. Nach heftiger Kritik sowohl seitens der faschistischen Presse als auch von der gemäßigten Seite emigrierte er 1929 nach Hindås bei Göteborg in Schweden. Nach der Machtergreifung Hitlers wurde ihm 1933 die deutsche Staatsbürgerschaft aberkannt, seine Bücher wurden verboten und öffentlich verbrannt. Am 21. 12. 1935 nahm er sich das Leben.
Das Gedicht „Augen in der Großstadt" entstand im Jahre 1930 und erschien in Deutschland in der „Arbeiter Illustrierten Zeitung" unter dem Pseudonym „Theobald Tiger".

Aufgabe 7

a) Lies die Kurzbiografie Tucholskys.
b) Lies noch einmal deine Ergebnisse zu den Aufgaben 2–3.
c) Wo siehst du eine Verbindung zwischen seinem Leben und dem Gedicht? Schreibe die Antwort in ganzen Sätzen in dein Heft.

Aufgabe 8

Was drücken die Verse 30–33 des Gedichts aus?
Welche Erfahrungen aus Tucholskys Leben könnten dahinterstehen?
Schreibe die Antwort in ganzen Sätzen.

George Grosz: Friedrichstraße[1] (1918)

Paris, Place de l'Opéra um 1930
Paris war schon lange vor Berlin eine Metropole. Hier arbeitete Tucholsky als Korrespondent.

Berlin in den Zwanzigerjahren

Die Stadt wandelte sich zu Lebzeiten Tucholskys zu einer Metropole, zu einer Hauptstadt, die auch Zentrum des kulturellen und politischen Lebens ist. Zunächst waren, wie in Paris neue große Straßen gebaut worden, an denen riesige neue Stadtviertel entstanden. Es folgte der Bau von immer mehr Bahnhöfen und den ersten U-Bahn-Linien. In den Zwanzigerjahren war Berlin dann die modernste europäische Hauptstadt. Millionen Menschen kamen täglich mit den neuen S-Bahnen und U-Bahnen in die City. Zeitungen erschienen mehrmals am Tag. Der Lebensrhythmus der Stadt hatte in kurzer Zeit ein hohes Tempo angenommen.

Aufgabe 9

Kurt Tucholsky hat in den Metropolen Berlin und Paris gelebt.
a) Sieh dir das Bild „Friedrichstraße" und das Foto von Paris an.
b) Lies den Text in der Randspalte über das Berlin der Zwanzigerjahre.
c) Notiere mindestens drei Sätze aus dem Gedicht, die das Leben in der Stadt beschreiben, und erkläre in ganzen Sätzen, was sie ausdrücken. Beginne mit dem unteren Beispiel. Schreibe die anderen Zitate und Erklärungen in dein Heft.

„Du gehst dein Leben lang | auf tausend Straßen"; (Zeilen 13–14):

Tipp

Markiere die Versenden in Gedichtzitaten mit einem senkrechten Strich: |

Aufgabe 10

Löse nun die Teilaufgabe 3 mit Hilfe deiner Ergebnisse aus diesem Kapitel. Berücksichtige besonders deine Ergebnisse zu den Aufgaben 3, 6, 7 und 9. Schreibe auf ein eigenes Blatt, so wie in der Prüfung.

Meine Bearbeitungszeit für die Teilaufgabe 3:

Aufgabe 11

Kopiere die Checkliste auf Seite 96 und überarbeite deine Lösung aus Aufgabe 10 mit Hilfe der Liste.

[1] Die Friedrichstraße liegt im Zentrum von Berlin.

ZU LYRIK SCHREIBEN

Stellungnahme und Kurzerörterung

Das Gedicht findest du auf der Seite 78.

DIE PRÜFUNGSAUFGABE

Lies das Gedicht „Augen in der Großstadt" von Kurt Tucholsky sorgfältig durch und bearbeite dann die folgenden Teilaufgaben. Bei der Teilaufgabe 4 musst du a) oder b) wählen.

Teilaufgabe 1: Informiere über Aufbau und Inhalt des Gedichts „Augen in der Großstadt" von Kurt Tucholsky.

Teilaufgabe 2: Beschreibe die äußere Gestalt und die Sprache des Textes. Belege deine Aussagen mit Textzitaten.

Teilaufgabe 3: Was könnte der Autor mit dem Gedicht ausdrücken? Wie wirkt das Gedicht?

Teilaufgabe 4: a) In der nächsten Ausgabe der Schülerzeitung eurer Schule sollen Gedichte zum Thema „Stadt" abgedruckt werden. Würdest du das Gedicht von Kurt Tucholsky dort abdrucken wollen? Begründe deine Entscheidung.
Oder:
b) Erörtere kurz die Frage: Ist es eher ein Vorteil oder ein Nachteil, in der Großstadt aufzuwachsen?

Sieh dir bei der Teilaufgabe 4 die Aufgaben a) und b) an und überlege genau, was sie von dir verlangen. ***Entscheide dich** dann **für eine** der beiden.*

Die Teilaufgabe 4 a) verstehen

Aufgabe 1

a) Was verlangt die Teilaufgabe 4 a) von dir? Kreuze alle richtigen Antworten an.
b) Korrigiere dein Ergebnis mit Hilfe des Lösungsheftes.

☐ • Ich erkläre, warum ich mich für die Wahlaufgabe 4 a) oder 4 b) entschieden habe.
☐ • Ich beziehe mich in meinem ersten Satz noch einmal auf die Aufgabenstellung.
☐ • Ich bewerte das Gedicht und sage, ob ich es in eine Gedichtsammlung einer Schülerzeitung zum Thema „Stadt" aufnehmen würde oder nicht und warum.
☐ • Ich überlege, ob das Gedicht heute noch aktuell ist, und begründe, warum.
☐ • Ich beziehe meine eigenen Erfahrungen mit der Großstadt mit ein und vergleiche diese mit dem Gedicht.

Eine Stellungnahme schreiben

Aufgabe 2

Vervollständige die richtigen Antworten aus Aufgabe 1, indem du ausführst, was du angekreuzt hast. Schreibe ganze Sätze in dein Heft.

Aufgabe 3

Bearbeite nun die Teilaufgabe 4 a). Schreibe auf eigene Blätter, so wie in der Prüfung.

Meine Bearbeitungszeit für die Teilaufgabe 4 a):

Die Teilaufgabe 4 b) verstehen

In einer **Erörterung** stellst du **Argumente** für zwei **gegensätzliche Meinungen** einander gegenüber. Am Ende einer Erörterung entscheidest du dich begründet für eine Meinung.
So ist ein Argument aufgebaut: **Behauptung + Begründung + Beispiel (BBB).**

Aufgabe 1

a) Lies die Teilaufgabe 4 b) auf der vorigen Seite. Was verlangt sie von dir? Kreuze die richtigen Antworten an. Der Merkkasten hilft dir.
b) Korrigiere dein Ergebnis mit Hilfe des Lösungsheftes.

- ☐ Meine Begründungen veranschauliche ich durch Beispiele.
- ☐ Ich zähle nur die Vorteile oder nur die Nachteile auf.
- ☐ Ganz gleich, welcher Meinung ich bin, ich wäge Vor- und Nachteile in einer Erörterung gegeneinander ab.

Eine Kurzerörterung schreiben

Aufgabe 2

Welche Vor- und Nachteile bringt es mit sich, wenn man in der Großstadt aufwächst? Zeichne eine Tabelle in dein Heft und notiere darin Stichpunkte. Beachte den Tipp in der Randspalte. So könntest du deine Tabelle anlegen:

Vorteile	Nachteile
viele Einkaufsmöglichkeiten	anonymes Stadtleben
kurze Wege	Abgase und Lärm

So gehst du bei einer Kurzerörterung vor:
Nenne im **Einleitungssatz** das **Thema** und deine **Meinung** zum Thema.
Führe **Argumente für und gegen das Thema** an. Gehe dabei **vom unwichtigsten zum wichtigsten** Argument weiter. Die Argumente für deine Meinung müssen stärker als die Gegenargumente sein.

Aufgabe 3

Bearbeite nun die Teilaufgabe 4 b) auf Seite 90. Verwende für beide Positionen Argumente. Suche dir dazu aus der Tabelle jeweils zwei Behauptungen für Vor- und Nachteile heraus. Begründe sie und belege sie durch Beispiele. Beziehe dich dabei auf das Gedicht. Der Merkkasten hilft dir. Schreibe auf ein eigenes Blatt, so wie in der Prüfung.

Aufgabe 4

Kopiere die Checkliste auf Seite 96 und überarbeite deine Lösung aus Aufgabe 3 mit Hilfe der Liste.

Tipp
Bei der Erörterung kannst du einige deiner Ergebnisse aus den anderen Teilaufgaben mit einbringen.

Tipp
Du kannst zwischen Pro- und Kontra-Argumenten wechseln oder die beiden Argumentgruppen trennen.

Tipp
Formulierungshilfen für Argumente findest du auf Seite 95.

Meine Bearbeitungszeit für die Teilaufgabe 4 b):

Übungsaufgabe

Bearbeite das folgende Gedicht so, wie du es in diesem Kapitel gelernt hast. Schreibe auf einzelne Blätter, so wie in der Prüfung.

Tipp
Zur weiteren Übung kannst du unter Prüfungsbedingungen einen Aufsatz schreiben. Am Anfang ist es leichter, wenn du dieses Arbeitsheft danebenlegst und jeweils die Seiten aufschlägst, die du gerade zum Lösen brauchst.

Die Prüfungsaufgabe

Lies das Gedicht „Willkomm' und Abschied" von Goethe sorgfältig durch und bearbeite dann die folgenden Aufgaben. Bei der Aufgabe 4 musst du a) oder b) wählen.

1: Informiere über Aufbau und Inhalt des Gedichts.

2: Beschreibe die äußere Gestalt und die Sprache des Textes.
Belege deine Aussagen mit Textzitaten.

3: Was könnte der Autor mit dem Gedicht ausdrücken? Wie wirkt das Gedicht?

4: a) In eurer nächsten Schülerzeitung sollen Liebesgedichte abgedruckt werden. Würdest du dieses Gedicht abdrucken? Begründe deine Entscheidung.

Oder:

b) Ein 15-Jähriger verliebt sich bei einem Schüleraustausch mit der weit entfernten französischen Partnerschule in ein Mädchen. Nach seiner Rückkehr nach Deutschland wendet er sich in einem Brief an ein Beratungsteam einer Jugendzeitschrift. Verfasse diesen Brief, in dem du die Gedanken und Gefühle des Jungen ausdrückst.

Willkomm' und Abschied (1789)
Johann Wolfgang Goethe

Es schlug mein Herz, geschwind zu Pferde!
Es war getan fast eh gedacht.
Der Abend wiegte schon die Erde,
Und an den Bergen hing die Nacht;
Schon stand im Nebelkleid die Eiche,
Ein aufgetürmter Riese, da,
Wo Finsternis aus dem Gesträuche
Mit hundert schwarzen Augen sah.

Der Mond von einem Wolkenhügel
sah kläglich aus dem Duft hervor,
Die Winde schwangen leise Flügel,
Umsausten schauerlich mein Ohr;
Die Nacht schuf tausend Ungeheuer,
Doch frisch und fröhlich war mein Mut:
In meinen Adern welches Feuer!
In meinem Herzen welche Glut!

Dich sah ich, und die milde Freude
Floss von dem süßen Blick auf mich;
Ganz war mein Herz an deiner Seite
Und jeder Atemzug für dich.
Ein rosenfarbnes Frühlingswetter
Umgab das liebliche Gesicht,
Und Zärtlichkeit für mich – ihr Götter!
Ich hofft' es, ich verdient' es nicht!

Doch ach, schon mit der Morgensonne
Verengt der Abschied mir das Herz:
In deinen Küssen welche Wonne!
In deinem Auge welcher Schmerz!
Ich ging, du standst und sahst zur Erden
Und sahst mir nach mit nassem Blick:
Und doch, welch Glück, geliebt zu werden!
Und lieben, Götter, welch ein Glück!

Gedichte zum Üben

Du findest diese Gedichte in fast allen Gedichtsammlungen. Leihe dir eine Gedichtsammlung aus deiner Schulbibliothek oder der Stadtbibliothek aus. Du kannst eine Gedichtsammlung aber auch günstig kaufen.

Reklame von *Ingeborg Bachmann*
Die Liebenden von *Bertolt Brecht*
Inventur von *Günter Eich*
Auf dem See, Mailied und Nähe des Geliebten
von *Johann Wolfgang von Goethe*
Angeschaut von *Ulla Hahn*
Die Stufen von *Hermann Hesse*
Die Beiden von *Hugo von Hofmannsthal*
Die Entwicklung der Menschheit von *Erich Kästner*
Sachliche Romanze von *Erich Kästner*
Der Panter von *Rainer Maria Rilke*

Stilmittel

Folgende Stilmittel (sprachliche Gestaltungsmittel) können **in Gedichten, in literarischen Prosatexten sowie in Sachtexten** vorkommen:

Stilmittel	Beschreibung	Beispiel
Alliteration, die	Wiederholung der Anfangsbuchstaben von Wörtern	*Fischers Fritz fischt frische Fische.* *Gesagt, getan.*
Anapher, die	Wiederholung eines Vers- oder Satzanfangs	*Er schaut nicht die Felsenriffe |* *Er schaut nur hinauf ...*
Ellipse, die	Auslassung eines Wortes oder Satzteils	*Je später der Abend, desto schöner die Gäste.*
Enjambement, das (Zeilensprung)	Ein Satz oder Satzteil erstreckt sich im Gedicht über mehrere Verse.	*Wenn du zur Arbeit gehst |* *am frühen Morgen ...*
Gegensatz, der	Zwei Wörter mit entgegengesetzter Bedeutung stehen nahe beieinander.	*nicht Freund noch Feind*
Ironie, die	Umkehrung als Mittel des Spotts: Etwas wird verspottet oder auf etwas wird aufmerksam gemacht, indem man genau das Gegenteil dessen sagt, was gemeint ist.	*Oh Wolf, du guter Wächter aller Schafe!* *Schöne Bescherung!*
Leitmotiv, das	Dinge, Orte, → Symbole, Themen, Wörter, kehren im Text immer wieder und bilden ein verbindendes Element.	*Die Augen in E. T. A. Hoffmanns Erzählung „Der Sandmann" sind ein Leitmotiv.*
Metapher, die	Bildhafter Ausdruck mit übertragener Bedeutung; Verbindung zweier Bedeutungen, die gewöhnlich unverbunden sind.	*die Katze im Sack kaufen* *Literatur ist die Axt für das Eis in uns.*
Personifikation, die	Begriffe, Dinge oder Tiere sprechen und handeln wie Menschen.	*Die Gedanken fliegen vorbei wie nächtliche Schatten.*
Refrain, der	Mehrere Verse eines Gedichts wiederholen sich regelmäßig.	*Oh Tannenbaum, oh Tannenbaum, wie grün sind deine Blätter!* – wird am Ende einer jeden Strophe wiederholt.
rhetorische Frage, die	Eine Scheinfrage: eine Frage, auf die keine Antwort erwartet wird. Eine Behauptung wird als Frage formuliert, die so selbstverständlich erscheint, dass sie keiner Antwort bedarf.	*Wollen wir nicht alle das Beste?* *Was ist schon normal?*
Symbol, das	Allgemein bekanntes Sinnbild, meist ein konkreter Gegenstand, der etwas Allgemeines bedeutet.	*Taube* – als Symbol des Friedens
Übertreibung, die (Hyperbel)	Etwas wird drastischer dargestellt als es ist, meist unrealistisch.	*Millionen haben ihr Herz an mich verloren!*
Variation, die	Wiederholung von Wörtern oder Versen in leicht veränderter Form	*In meinen Adern welches Feuer!* *In meinem Herzen welche Glut!*
Vergleich, der	Bildhafter Ausdruck, mit dem Wort „wie" verknüpft	*ein Blick, lodernd wie Feuer*
Wiederholung, die	Einzelne Wörter oder ganze Verse kehren wieder.	*Singet leise, leise, leise,* *singt ein leises Wiegenlied ...*

Formulierungsvorschläge

für Gegensätze	für Begründungen	für Zitate und Beispiele
• Ein ganz anderer Gesichtspunkt ist … • obwohl … / trotz … • Allerdings spricht dagegen, dass … • dagegen/hingegen/zwar … aber • Ich denke im Gegenteil, dass … • indessen/jedoch • Noch wichtiger aber ist … • Einerseits … andererseits … • Auf der einen Seite … • Auf der anderen Seite …	• weil/da • denn … • darum … • Das lässt sich damit begründen, dass … • Der Grund/die Ursache dafür ist … • Auf Grund dessen … • Das liegt daran, dass … • Das rührt daher, dass … • deshalb, deswegen	• Das sieht man an folgendem Beispiel: … • So sagt er/sie in Zeile 10: … • Der Autor lässt die Figur sagen: „…“ (Zeile …) • Als Beleg kann man die Stelle heranziehen, an der … • Aus eigener Erfahrung kann ich sagen, … • Es ist allgemein bekannt, dass … • Häufig wird gesagt, dass … • Beispielsweise … • Zum Beispiel …

für Verknüpfungen und Überleitungen

• Im Folgenden komme ich zu …	• Hieran anknüpfend …
• Ich möchte nun zu … übergehen.	• Darüber hinaus …
• Als weiteren Punkt möchte ich hinzufügen …	• Anschließend werde ich …
• Ein weiterer Gesichtspunkt ist …	• Am wichtigsten ist …
• Damit hängt zusammen …	• Weiterhin …/ Sodann …/ Auch …

Zeitmanagement

Du kannst deine persönliche Zeiteinteilung in die Tabelle eintragen. Wenn du die Tabelle kopierst, kannst du sie immer wieder verwenden.

Aufgabe	empfohlene Dauer	tatsächliche Dauer
Überblick über die Texte und die Teilaufgaben; Lesen der Texte; Entscheidung für einen Text und für die Wahlaufgabe 4 a) oder 4 b)	20 Minuten	
Teilaufgabe 1: Inhaltsangabe des Textes	30 Minuten	
Teilaufgabe 2: Äußere Gestalt und Sprache des Textes	30 Minuten	
Teilaufgabe 3: Absicht des Autors/der Autorin und Wirkung des Textes	30 Minuten	
Teilaufgabe 4: Textbewertung, persönliche Stellungnahme oder einen eigenen Text schreiben	30 Minuten	
Inhaltliche und sprachliche Überarbeitung deines Aufsatzes	15 Minuten	
Wörter zählen	5 Minuten	
	Gesamtzeit: 160 Min.	

Mit der Checkliste deine Lösungen überarbeiten

Die Überarbeitung deiner Lösungen ist wichtiger als die Überprüfung im Lösungsheft. Je häufiger du „ja" ankreuzen kannst, desto besser ist dir dein Aufsatz gelungen!

ja / nein

Den Inhalt überarbeiten

- Mache ich gleich am Anfang deutlich, welche Aufgabe ich gewählt habe und zu welchem Text ich schreibe? ☐ ☐
- Mache ich im ersten Satz der Inhaltsangabe alle notwendigen Angaben (Titel des Textes, Autor / Autorin, Textgattung, Textquelle, Thema)? ☐ ☐
- Habe ich jede Aufgabe vollständig bearbeitet und nichts hinzugefügt, was zu einer anderen Aufgabe gehört? ☐ ☐
- Gehört das, was ich geschrieben habe, auch immer zum Thema? ☐ ☐
- Schreibe ich zusammenhängend und in einer sinnvollen Reihenfolge? ☐ ☐
- Habe ich meine Aussagen begründet? ☐ ☐
- Habe ich meine Beobachtungen am Text mit Beispielen oder Zitaten belegt? ☐ ☐
- Habe ich in den Teilaufgaben 1 bis 3 Vermutungen und persönliche Stellungnahmen vermieden? ☐ ☐
- Habe ich inhaltliche Wiederholungen vermieden? ☐ ☐

Die Form überarbeiten

- Sind alle meine Lösungen richtig nach den Aufgaben nummeriert? ☐ ☐
- Ist mein Text in sinnvolle Absätze gegliedert? ☐ ☐

Die Sprache überarbeiten

- Sind meine Sätze vollständig? ☐ ☐
- Habe ich Überleitungen verwendet und sind meine Sätze sinnvoll miteinander verbunden? ☐ ☐
- Sind meine Satzanfänge abwechslungsreich? ☐ ☐
- Habe ich Wortwiederholungen durch Synonyme (verwandte Wörter) ersetzt? ☐ ☐
- Ist mein Aufsatz in Schriftsprache geschrieben und habe ich Umgangssprache – wie z. B. Jugendsprache – verbessert? ☐ ☐
- Steht meine Inhaltsangabe im Präsens? ☐ ☐
- Habe ich die Aufgaben in der Zeitform beantwortet, in der sie gestellt sind? ☐ ☐
- Habe ich darauf geachtet, nicht von einer Zeitform in eine andere zu springen? ☐ ☐
- Habe ich richtig aus dem Text zitiert und die Zeilenangaben notiert? ☐ ☐

Die Rechtschreibung überarbeiten

- Habe ich meinen Aufsatz einmal nur auf Rechtschreibung hin gelesen? ☐ ☐
- Habe ich Wörter, die mir schwierig vorkommen, im Rechtschreibwörterbuch nachgeschlagen? ☐ ☐

Tipp
Wenn du den Bogen zuerst kopierst, kannst du damit weitere Übungsaufsätze korrigieren.

Tipp
In der Prüfung ist es erlaubt, ein Rechtschreibwörterbuch zu benutzen.

Willkommen in der Welt des Lernens

33289 / Ihre Kundennummer: 22202757
1288

Deutsche Post
INFOPOST

Frau
Regina Skodzik-Florian
Elisabethenhain 21 a
61118 Bad Vilbel

NEU Abschlussprüfung Deutsch
Deutschbuch · Arbeitsheft · Realschule Hessen

Sehr geehrte Frau Skodzik-Florian,

lernen Sie jetzt das neue Angebot für einen erfolgreichen Deutschunterricht kennen! Das *Arbeitsheft* hilft Ihren Schülerinnen und Schülern bei der gezielten Vorbereitung auf die Prüfung zum Erwerb des Realschulabschlusses.

Übersichtlich und klar strukturiert ist es auf die Prüfungsrichtlinien abgestimmt und hilft beim konzentrierten Üben. Vier nachvollziehbare Schritte unterstützen beim erfolgreichen Lernen:

- Inhalte eines Textes zusammenfassen;
- Äußere Form und Sprache eines Textes analysieren;
- Absicht und Wirkung eines Textes erkennen;
- Stellungnahme und kurze Erörterung schreiben.

Echte Prüfungsaufgaben werden am Kapitelende durch Übungsaufgaben simuliert. Ausführliche Lösungen und Mustertexte sowie Merkwissen und Checklisten zur Selbstüberprüfung bereiten auf die Prüfung vor.

Wie gefällt Ihnen das *Arbeitsheft*? Auf Ihre Rückmeldung per Antwortbogen freuen wir uns!

Mit freundlichen Grüßen

Cornelsen Verlag
Marketingleitung Südwest

Manfred Wohlrab

Abschlussprüfung Deutsch · Realschule Hessen · 10. Schuljahr
NEU Arbeitsheft mit Lösungen
978-3-464-60771-8 8,50 €

Cornelsen Verlag
14328 Berlin

Telefon: 030 897 85-0
Telefax: 030 897 85-499

Service-Line: Telefax 0180 12 120 12
(3,9 ct/min aus dem Festnetz der T-Com. Mobilfunkhöchstpreis ab 01. 03. 2010: 42 ct/min.)

E-Mail: c-mail@cornelsen.de
Cornelsen online: www.cornelsen.de
Volk und Wissen online: www.vwv.de

Cornelsen

Antwortbogen

Cornelsen

– Antwort –

Cornelsen Verlag
Länderreferat
14328 Berlin

Bitte senden Sie uns den Antwortbogen im DIN-lang-Umschlag zurück. Noch einfacher geht es per Fax unter unserer Service-Line.

Fax: 0180 12 120 12

(3,9 ct/min aus dem Festnetz der T-Com. Mobilfunkhöchstpreis ab 01. 03. 2010: 42 Cent je Minute.)

Wir entwickeln Lehrwerke und Arbeitsmittel in engem Kontakt mit Schulpraktikern und Fachdidaktikern.

Deshalb ist auch Ihr kritisches Urteil über Neuerscheinungen als Rückmeldung wichtig und willkommen.

Deutschbuch · Abschlussprüfung Deutsch · Realschule Hessen

(ISBN 978-3-464-60771-8)

Ihr Urteil ist uns wichtig:

Layout/Übersichtlichkeit
☐☐☐☐☐
++ + 0 – ––

Illustration
☐☐☐☐☐
++ + 0 – ––

Aufbau, Gliederung
☐☐☐☐☐
++ + 0 – ––

Themen und Texte
☐☐☐☐☐
++ + 0 – ––

Übungsangebot
☐☐☐☐☐
++ + 0 – ––

Methodische Aufbereitung (Lernhilfen, Merkkästen, Tipps)
☐☐☐☐☐
++ + 0 – ––

Lösungen und Mustertexte
☐☐☐☐☐
++ + 0 – ––

Wünsche, Kritiken und Hinweise:

____

Ich sehe für das vorliegende Lehrwerk folgende Chancen an meiner Schule:

☐ Ist bereits eingeführt
☐ Wird eingeführt
☐ Kommt in die engere Wahl
☐ Leider keine Finanzmittel vorhanden
☐ Das Lehrwerk sagt mir nicht zu.

Ich arbeite zurzeit mit folgendem Lehrwerk (Titel/Verlag): ______________________________

Seit welchem Schuljahr ist das Lehrwerk eingeführt? ____________ Eingeführt in den Klassenstufen ☐ 1 ☐ 2 ☐ 3 ☐ 4 ☐ 5–6 ☐ 7 ☐ 8–10 ☐ 11–12/13

Für unsere Entscheidung bitten wir um ☐ ein Referat vor der Fachkonferenz ☐ den Besuch einer Fachberaterin/eines Fachberaters

☐ **Ich möchte gern Ihren kostenlosen E-Mail-Newsletter Deutsch abonnieren.**
☐ **Ich bin einverstanden, persönliche Angebote und Veranstaltungseinladungen per E-Mail zu bekommen.**

Meine E-Mail-Adresse: ______________________________

Name und Privatanschrift:

Name

Straße, Hausnummer

PLZ, Ort

Telefon

Adressänderung ☐ **ja** ☐ **nein**

Kundennummer
(bitte Privat-Kundennummer eintragen)
☐☐☐☐☐☐☐☐

Geburtsdatum

Name und Anschrift der Schule/Institution (Schulstempel):

DA 33289/1 AB CV